Plantas de Interior: Guía de Cuidados

Plantas de Interior: Guía de Cuidados

Descubre cómo mantener tus plantas naturales en óptimas condiciones todo el año

COFRE DEL SABER

© 2021 EDITORIAL IMAGEN - EDITORIALIMAGEN.COM
CÓRDOBA, ARGENTINA

Copyright 2021 by Cofre Del Saber
© 2021 Digital Edition – Editorialimagen.com
Todos los derechos reservados.

Todos los derechos reservados. Ninguna parte de este libro puede ser reproducida por cualquier medio (incluido electrónico, mecánico u otro, como ser fotocopia, grabación o cualquier sistema de almacenamiento o reproducción de información) sin el permiso escrito del autor, a excepción de porciones breves citadas con fines de revisión.

CATEGORÍA: Jardinería/Plantas del Interior

Print ISBN: 978-1-64081-153-9
E-book ISBN: 978-1-64081-119-5

Contenido

Introducción	1
Nombre	1
Familia	2
Origen	2
Duración	2
Características	2
Época de floración	3
Adaptabilidad	3
Maceta	3
Trasplante	5
Terreno	7
Exposición	8
Temperatura	10
Humedad	11
Riegos	11
Abonos	13
Cuidados	13
Parásitos	14
Multiplicación	15
Período de reposo	16

1. Nomenclador Botánico ... 17
   ABUTILON HYBRIDUM ... 17
   ACALYPHA HISPIDA ... 18
   ADELFA (Nerlum oleander) ... 19
   ADIANTUM CAPILLUS-VENERIS ... 20
   AECHMEA FASCIATA ... 21
   AFELANDRA (Aphelandra Squarrosa) ... 22
   AGERATUM ... 23
   AGLAONEMA (Aglaonema marantifolium) ... 24
   ALOCASIA (Alocasia macrorhiza) ... 25
   ALOE (Aloe Africana) ... 27
   AMARILIS-BELLADONA (Amaryllis hippeastrum longiflorum) ... 28
   ANTURIO (Anthurium andreanum) ... 29
   ARALIA (Aralia iaponica) ... 30
   ARAUCARIA (Araucaria excelsa) ... 31
   ARBOL DE LA SOMBRILLA (Scheffiera actinophylla) ... 32
   ASPIDISTRA (Aspidistra elatior) ... 34
   ASPLENIO (Asplenium nidus) ... 35
   AUCUBA (Aucuba iaponica) ... 36
   AZALEA (Rhododendron indicum) ... 37
   BALSAMINA. (Impatiens sultanii) ... 38
   BEGONIA (Begonia rex-cultosum) ... 39
   BERGENIA (Bergenia ligulata) ... 41
   BOGAINVILIA (Bougainvillea glabra) ... 42
   BREZO (Erica gracilis) ... 43
   CACTO (Cactus. Diferentes especies) ... 44
   CALA (Zantedeschia aethiopica) ... 45
   CALADIO (Caladium bicolor) ... 46

CALCEOLARIA (*Calceolaria biflora*)	47
CAMELIA (*Camellia iaponica*)	49
CEREUS (*Cereus. Varías especies*)	50
CEROPEGIA (*Ceropegia woodii*)	51
CICA (*Cycas revoluta*)	52
CICLAMEN «PAN DE PUERCO» (*Cyclamen persicum*)	53
CIPERO (*Cyperus alternifolius*)	55
CISO (*Cissus antárctica*)	56
CLIVIA (*Clivia miniata*)	57
CLOROFITO (*Chlorophytum elatum*)	58
COCOTERO (*Cocos nucifera*)	59
CODIEO (*Codiaeum variegatum*)	61
COLEOS (*Coleus. Varios especies*)	62
COLUMNEA (*Columnea schiedeana*)	63
CORDILINE (*Cordyline terminalis*)	64
CRASULA (*Crassula columnaris*)	65
CRIPTANTO (*Cryptanthus fosterianus*)	66
CROCUS (*Crocos chrysanthus*)	68
CHAMEDOREA (*Chamaedorea elegans*)	69
CHAMEROP (*Chamaerops humilis*)	70
DIEFENBAQUIA (*Dieffenbachia picta*)	71
DIZYGOTECA (*Dizygotheca elegantissima*)	72
DRACENA (*Dracaena deremensis*)	73
DRACENA SANDERIANA (*Dracaena sanderiana*)	75
ECINDAPSO (*Scindapsus aureus*)	76
ECHEVERIA (*Echeveria agravoides*)	77
ELXINE (*Helxine solierolii*)	78
EPIFILO (*Epiphyllum phyllocactus o zygocactus*)	79
EPISCIA (*Episcia cupreata*)	80

EPTERIDE (Pteris crética)	81
ESCLUMBERGERA (Schlumbergera russeliana)	82
ESPARMANIA (Sparmannia Africana)	84
ESPARRAGO (Asparagus sprengeri y plumosus)	85
ESPATIFILO (Spathiphyllum wallisii)	86
EUFORBIA (Euphorbia canariensis)	87
EUFORBIA ESPINOSA (Euphorbia splendens)	88
FATSEDERA (Fatshedera lizei)	90
FICUS (Ficuss lyrata)	91
FICUS «ARBOL DE LA GOMA» (Ficus elástica)	92
FICUS TREPADOR (Ficus pumila repens)	93
FILODENDRO (Philodendron elegans)	94
FILODENDRO (Phylodendron scandens)	96
FITONIA (Fittonia verschaffelii)	97
«FLOR DE NAVIDAD» PONSETIA (Euphorbia pulcherrima)	98
FORTUNELLA (Furtunella margarita, Nagami kumquat)	99
FUCSIA (Fuchsia magellanica)	100
GARDENIA (Gardenia iasminoides)	101
GALATEA (Calathea gindeniana)	103
GASTERIA (Gasteria verrucosa)	104
GLOXINIA ELEGANTE (Sinningia speciosa)	105
GRANADO ENANO (Punica granatum)	106
GREVILLEA (Grevillea robusta)	107
HAVORTIA (Haworthia fasciata)	108
HIEDRA (Hedera helix)	109
HIGUERA DE MOZO; HlGUERA CHUMBO, CHUMBERA (Opuntia – Ficus indica)	111
HORTENSIA (Hydrangea hortensia)	112
HOVEA (Howea forsteriana – Kentia forsteriana)	113

JACINTO (*Hyacinthus orientalis*)	114
KALANCHOE (*Kalanchoe globulifera*)	116
LAUREL REAL (*Laurus nobilis*)	117
LIRIO DE LOS VALLES, MUGUET (*Convallaria majalis*)	118
MAMILLARIA (*Mammillaria elegans*)	119
MARANTA (*Maranta macoyana*)	120
MIRTO (*Myrtus communis*)	121
MONSTERA (*Monstera deliciosa*)	122
NARANJO DULCE (*Citrus sinensis*)	124
NEFROLEPIS (*Nephrolepis exaltata*)	125
NIDULARIO (*Nidularium tricolor*)	126
OXALIDE (*Oxalis deppei*)	127
PALMERA DE CANARIAS (*Phoenix canariensis*)	128
PANDANO (*Pandanus veitchii*)	129
PELARGONIO (*Pelargonium zonale*)	131
PELLEA (*Pellaea rotundifolia*)	132
PEPEROMIA (*Peperomia marmorata*)	133
PILEA (*Pilea cardierei*)	134
PITA (*Agave americana*)	135
PITOSPORO (*Pittosporum tobira*)	136
PLATICERIO, CUERNO DE ALCE, CUERNO DE CIERVO (*Platycerium alcicorne*)	138
PRIMULA (*Prímula maiacoides*)	139
ROEO (*Rhoeo discolor*)	140
RUSCO (*Ruscus aculeatus*)	141
SAGINELLA (*Selaginella martensii*)	142
SAINTPAULA (*Saintpaulia lonanthas*)	143
SANSEVIERA (*Sansevieria trifasciata: Laurentii*)	144
SEDUM (*Sedum subrotinctum*)	145

SENECIO (Senecio cruentos) 146

SIEMPREVIVA (Sempervivum arachnoidaum) 147

SINGONIO (Syngonium wellozianum) 148

SOLANO (Soianum capsicastrum) 149

TRADESCANCIA (Tradescantia albiflora) 151

VIÑA VIRGIN (Parthenocissus quinquefolia) 152

VRIESIA (Vresia hieroglyphica) 153

ZEBRINA (Zebrina péndula) 154

Estimado Lector 157

Más Libros de Interés 158

Introducción

Las plantas son seres vivos, que, para poder vivir, desarrollarse, florecer y fructificar necesitan de aire, luz y alimentos (tierra y agua) y de una temperatura y humedad adecuadas.

Las plantas cumplen una insustituible función decorando la casa con la nobleza de su porte, la vivacidad de los colores y el esplendor de las flores, pero no debemos olvidar la premisa de que las plantas no son decoraciones inanimadas sino seres vivos a los que es necesario dedicar atentos cuidados.

Para comprender mejor las anotaciones que acompañan a la descripción de cada planta siempre verde y florida que ilustraremos a continuación, describiremos primeramente cada uno de los vocablos que componen la ficha analítica de cada una de ellas.

Nombre

En la mayor parte de los casos, las plantas de apartamento son de origen exótico, por lo que se las reconoce por su nombre oficial botánico. Solamente algunos ejemplares propios de nuestros países tienen un nombre vulgar. Es importante conocer no sólo el nombre del género (el primer nombre de la planta) sino también el de la especie (el segundo nombre de la planta) porque es fácil que pertenezcan al mismo género plantas muy distintas por su forma y presencia siendo frecuente la confusión para quien ignore la existencia de plantas distintas pertenecientes a la misma especie.

Además, el nombre de la especie muy a menudo un significado muy preciso, puesto que indica la procedencia de la planta, sus características o su apariencia, tanto que constituye un elemento válido en la individualización de la planta misma.

Familia

Es útil conocer a qué familia pertenece la planta, porque las características se asemejan mucho en individuos afines y el conocimiento de la familia permite individualizar, siquiera sea aproximadamente, sus exigencias, cuidados, etc.

Origen

El país de origen permite determinar, aunque de un modo relativo, las exigencias de la planta, pues resulta evidente que una planta originaria de los trópicos requiere calor húmedo, mientras que a otra originaria del Norte le conviene mejor el frío.

Duración

Las plantas pueden ser anuales, bienales o vivaces. La duración permite individualizar las posibilidades ornamentales de una planta y su capacidad decorativa en la casa. La función ornamental puede estar ligada a la producción de flores o al hecho de ser una planta vivaz. El mérito de las plantas ornamentales de apartamento puede buscarse también en la belleza del follaje, en la forma de las hojas, en los matices, o bien en su apariencia.

Características

La breve descripción de las plantas facilita la comprensión de las ilustraciones gráficas y fotográficas que acompañan a cada planta descrita, poniendo en evidencia las características más salientes e importantes.

Época de floración

La mayor parte de las plantas ornamentales son originarias de los trópicos y tienen un ritmo de crecimiento y floración distinto al de las plantas indígenas. En consecuencia, para las plantas que tienen la posibilidad de florecer en casa, se indica la época del año y la duración de la floración, para facilitar su conocimiento y aplicación ornamental.

Adaptabilidad

La comprensión del verdadero significado de este vocablo es el elemento base para la valoración de la idoneidad de una planta de interiores con el fin de precisar su adecuada función ornamental en la casa. Es indudable que la habilidad de cada uno en crear el ambiente más idóneo y la observancia de las más fundamentales exigencias de la planta, tienen un valor determinante para la adaptabilidad conseguida para cada individuo.

Maceta

Las indicaciones referentes a la maceta deberían servir de guía en la elección del recipiente más idóneo para cada planta. Las plantas se crían en recipientes de forma, dimensiones y materiales muy distintos, cuya elección se basa más en motivos estéticos que en la idoneidad para las funciones a que están destinados.

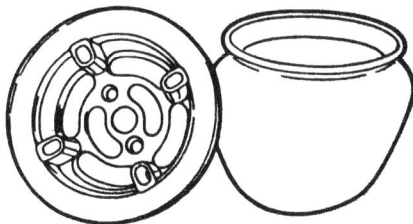

Maceta para cultivo hidropónico con su correspondiente tapadera. Es un sistema de cultivo apto especialmente para las plantas como los Ficus, las Dieffenbachia y las Philodendron

Las macetas de barro son las más comunes por su modesto coste y buena funcionalidad, aunque resultan poco decorativas. La maceta de barro es bastante ligera y porosa, y permite fácilmente los intercambios gaseosos entre el ambiente exterior y la tierra contenida en ella. Por otra parte, la excesiva porosidad es un defecto que facilita el desecamiento de la tierra, obligando a regarla con más frecuencia. La convicción de que las macetas de materia plástica, de cerámica o de metal deben desterrarse para las plantas, se ha demostrado que es totalmente errónea; basta conocer las características del material (impermeabilidad a los gases y a la humedad) para que sea posible, con la prudencia adecuada y cautos baños, obtener resultados tan buenos como los que se obtienen con las macetas de barro corrientes. Las dimensiones de la maceta deben ser proporcionales a las de la planta, salvo indicaciones particulares; de otro modo el volumen de tierra puesto a disposición de las plantas o es insuficiente o es excesivo, con perjuicio de desarrollo de aquellas en ambos casos.

Para las plantas de desarrollo notable que requieren grandes volúmenes de tierra se suelen utilizar cajones de madera o de cemento. Estos recipientes tienen la ventaja de ser amplios y permitir un desarrollo adecuado de las raíces, aunque son difíciles de manejar dado su peso. Una óptima solución es la de colocar los cajones sobre ruedecillas.

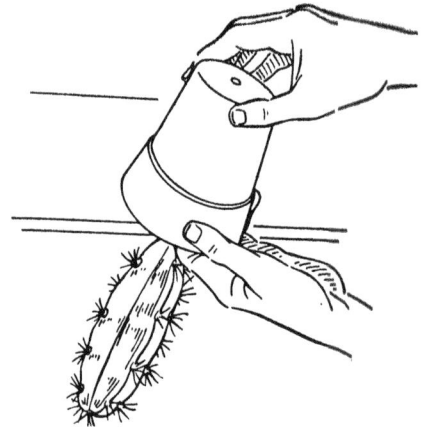

Cómo extraer la masa de tierra de la maceta vieja. Se realiza golpeando los bordes de esta última, contra una mesa

Accesorio indispensable en las macetas es el plato o recipiente que tiene la doble función de recoger el agua superflua del agujero del desagüe y hacer más decorativa la maceta. La elección de la forma y del material es libre. Es necesario respetar una sola regla y ésta es que la maceta no se apoye completamente en el plato, obstruyendo el agujero de desagüe, ya que de otro modo el agua suministrada en exceso se estanca, provocando el pudrimiento de las raíces de las plantas. Hay que colocar la maceta sobre pequeños soportes o repisas de plástico o cemento de modo que pueda recogerse el agua en el recipiente inferior. También puede ser oportuno llenar el espacio en torno a la maceta, sobre todo cuando el plato sea de grandes dimensiones, con musgo o tierra pantanosa que, al impregnarse de humedad, facilitan la formación de una atmósfera más idónea para las plantas.

Trasplante

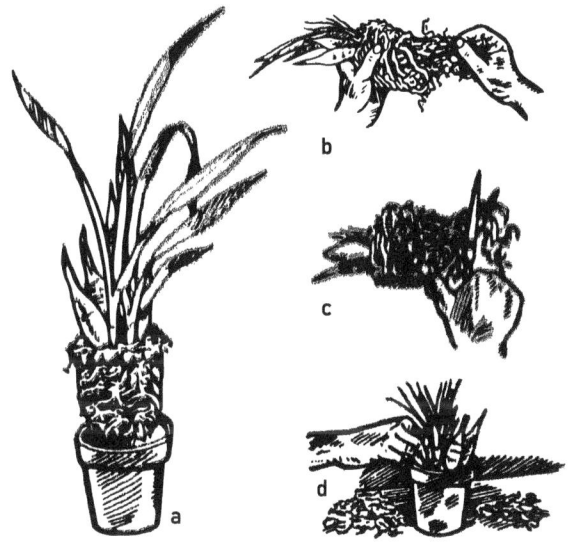

Cómo realizar el trasplante: En (a) la masa de tierra está espesamente entretejida por las ramificaciones del aparato radical; en (b) se elimina parte de la masa de tierra y en (c) se cortan las raíces marchitas o poco sanas; en (d) se procede al trasplante

Las plantas cultivadas en maceta disponen de un volumen de tierra muy reducido. Para dotarlas de tierra nueva y rica en elementos fertilizantes, es bueno efectuar trasplantes periódicamente. La época más idónea para esta operación suele ser la primavera. No todas las plantas necesitan cambiar de tierra cada año (en las de desarrollo más lento, esta operación puede verificarse cada 3 o 4 años). Es fácil darse cuenta si las plantas necesitan nueva tierra, pues al estar limitado el desarrollo las nuevas hojas nacen más pequeñas, las raíces ocupan toda la maceta y la tierra se seca más frecuentemente.

Para las plantas de poco volumen, se vuelca la maceta sosteniendo con una mano la planta a nivel del terreno y, con la otra, el fondo de la maceta. Sobre el borde de la maceta así volcada se dan dos o tres golpes, de modo que la planta y la masa de tierra que rodea las raíces se desprenda de la maceta. Se escoge, entonces, una maceta con un diámetro que sea superior en dos centímetros a aquél en que se encontraba la planta. Si la maceta es nueva, debe tenerse previamente sumergida en agua durante algunas horas para asegurarse de que el recipiente está bien humedecido. Si la maceta ya ha sido usada, debe limpiarse con un cepillo de alambre bajo el chorro del grifo de agua corriente. En la maceta así preparada, se depositan en el fondo algunos trocitos de barro cocidos o piedrecillas para asegurar un buen drenaje echando después un poco de tierra. Se coloca la vieja masa de tierra que acompaña a la planta de modo que quede el espacio de uno o dos centímetros hasta el borde de la nueva maceta. Este espacio, proporcionado por la amplitud de la maceta, sirve para contener el agua de riego. Será necesario echar tierra nueva entre las paredes de la maceta y la masa de tierra, comprimiendo el conjunto con un palito a fin de que no queden huecos que resultarían perjudiciales. Es necesario después regar abundantemente, de modo que no sea necesario repetir la operación durante algunos días.

En muchos casos, conviene eliminar parte de la tierra vieja, desmenuzando con las manos, para permitir la aportación de mayor tierra fértil. No utilizar nunca macetas mucho mayores que las anteriores, ya que las plantas desarrollarían excesivamente sus raíces con menoscabo del desarrollo de la parte aérea de la planta

En el caso de plantas crasas, hay que asegurarse de que las raíces están totalmente intactas, ya que, de no ser así, se facilitaría enormemente su pudrimiento. Por la misma razón, no deben regarse las plantas crasas hasta después de algunos días del trasplante.

Si hay que trasplantar plantas de notable volumen, para extraer la masa de tierra de la maceta, se deslizará la hoja de un cuchillo alrededor del borde interior de la maceta y después, mientras sostiene ésta una persona, un segundo operador quitará la planta. Cuando el trasplante se hace difícil a causa del gran volumen de la planta, entonces se procede a eliminar la parte superior de la tierra, sustituyéndola por nueva tierra fértil.

Terreno

Las plantas disponen de un pequeño volumen de tierra. Por ello es indispensable suministrarles sustratos idóneos a sus exigencias que, por otra parte, son muy varias.

La primera noción de importancia fundamental que hay que tener en cuenta es la adaptabilidad de las plantas al terreno calcáreo. Muchas plantas denominadas calcífugas crecen en terrenos en los que este indispensable elemento nutritivo está presente sólo en pequeñísimos porcentajes, ya que de otro modo presentan una serie de alteraciones que van desde el amarillento de las hojas (clorosis) a la paralización del crecimiento, a la deformación y la aparición manchas. Para cultivar en macetas plantas ornamentales la naturaleza del terreno tiene una importancia decisiva en su logro. Muchas plantas pueden cultivarse en tierras compuestas, esto es, de suelo idóneo a las más variadas exigencias. Están formadas por tierra de jardín, terrones de prado descompuestos (7 partes), turba (3 partes) y arena (2 partes) A esta mezcla se le podrá añadir abonos químicos en la proporción de una cucharadita de café, por cada kilo de tierra. También se emplean habitualmente otras mezclas de tierra especiales entre las cuales el terreno de bosque o de hojarasca forman la parte principal del humus mismo. Estos terrenos están formados por hojas descompuestas en el período de varios meses, durante los cuales las hojas han sido removidas con frecuencia y se han transformado lentamente en un humus fertilísimo.

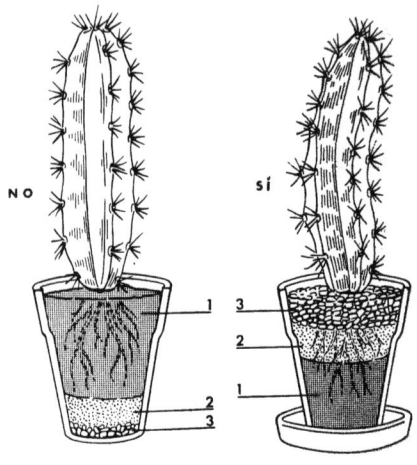

Cómo debe ser el terreno de una planta crasa (1, tierra; 2, arena; 3, piedrecillas)

Otro terreno especial es el de brezo, sustrato insustituible para las plantas calcífugas. Teniendo en cuenta que, en general, es un terreno poco fértil, se le refuerza con humus de hojas.

Una propiedad fundamental del humus es la permeabilidad, esto es la capacidad del terreno para conservarse blando y aireado, de modo que el agua no se estanque durante largo tiempo. Generalmente se logran estos objetivos añadiendo arena gruesa o sustancia orgánica al humus.

Algunas plantas, las llamadas epífitas, en vez de profundizar las raíces en el terreno, necesitan de sustratos especiales para vivir, pues son incapaces de absorber los elementos nutritivos necesarios bajo la forma mineral. Otras plantas tienen todavía características intermedias, siendo preciso en estos casos añadir al terreno fango o turba, para facilitar la absorción de los elementos necesarios.

De vez en cuando se irá describiendo la composición del humus más adecuado.

Exposición

La luz es indispensable para la vida de las plantas, ya que asegura la energía necesaria a los procesos de formación de las sustancias nutritivas. No todas las plantas necesitan la misma cantidad o intensidad de luz. Hay plantas que exigen luz intensa, otras luz indirecta y también en elevada cantidad, otras requieren muy poca luz. La luz demasiado viva o demasiado atenuada puede causar en algunas plantas cambios de color o bien la desaparición o atenuación de los contrastes. Generalmente, las plantas de follaje matizado exigen exposiciones luminosas. Nunca se deben poner las plantas expuestas al sol detrás de los cristales de una ventana porque es fácil que se produzcan quemaduras debidas a la concentración de los rayos solares en un solo punto. Por el contrario, en las ventanas orientadas hacia el Norte la exposición de las plantas sobre el antepecho interno de las ventanas permite un excelente desarrollo. En muchos casos, se puede suplir la falta de luz natural por medio de iluminación artificial.

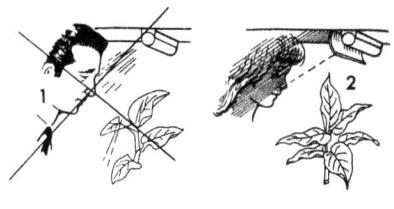

En el caso de que las plantas vivan en ambientes escasamente iluminados, es necesario proceder a una adecuada iluminación artificial. La luz nunca deberá ser directa (fig. 1), sino indirecta (fig. 2)

A este respecto, se han de tener presentes algunas exigencias fundamentales de las plantas en relación con la intensidad, composición y duración de la iluminación. Hay lámparas destinadas a este fin que emiten rayos luminosos de composición muy semejante a la solar. Las lámparas corrientes tienen un exceso de radiaciones rojas, esto es, son cálidas y de intensidad elevada y, por consiguiente, no suplen eficazmente la carencia de luz solar. También es muy importante la duración de la luz porque las plantas, aun prescindiendo de particulares exigencias ligadas a la capacidad de floración, necesitan de cierto número de horas de oscuridad para alternar el reposo con la actividad, ya que de otro modo el desarrollo experimenta notables alteraciones. Especialmente las plantas trepadoras, una vez que se han adaptado a un ambiente particular, a una exposición dada, no deben cambiarse de sitio, con el fin de no provocar modificaciones en la orientación de las hojas y tallos con el consiguiente perjuicio en su crecimiento.

Las plantas necesitan también de aire. A menudo nos olvidamos de esta exigencia básica, confinando la planta en ambientes donde el aire está viciado y por tanto perjudicial para ella, lo mismo que para el hombre. En estas condiciones, es incapaz de cumplir su prodigiosa función clorofílica a través de la cual absorbe el anhídrido carbónico y expulsa el oxígeno a la atmósfera.

Muchas plantas en la estación estival pueden ser llevadas al aire libre donde se refuerzan y logran superar con mayor facilidad el período invernal.

Debe ponerse mucha atención para evitar que las plantas sean expuestas a corrientes de aire. No hay nada más perjudicial para las plantas que improvisadas corrientes de aire, sobre todo si son frías. Es verdad que las plantas sufren si viven en ambientes de aire viciado, llenos de humo y polvillo, pero el aire debe ser renovado con gran precaución para no provocar daños.

Temperatura

El ambiente en que vive la planta debe tener una temperatura idónea a fin de que el desarrollo transcurra de forma regular. Siendo la mayor parte de las plantas de interiores de origen tropical, el factor dominante que regula el crecimiento, está representado por la temperatura. El desarrollo se detiene si la temperatura es demasiada baja; si además la exposición a temperaturas bajas dura largo tiempo, pueden producirse en la planta lesiones mortales.

Las plantas de interiores pueden clasificarse según las exigencias de temperatura: plantas rústicas que viven en ambientes resguardados de las heladas, aunque no muy calurosos; plantas que requieren una temperatura mínima de 8-10° C; plantas que no resisten al frío y que requieren por ello una temperatura mínima de 10-13° C, y plantas muy sensibles que necesitan una temperatura no inferior a los 15° C.

Es necesario hacer algunas puntualizaciones a lo dicho anteriormente. Si la planta se ha desarrollado bien y está sana, soporta momentáneos descensos de temperatura, aunque sea de varios grados por debajo de los mínimos indicados. Otro concepto importante que precisar está relacionado con la temperatura máxima a que pueden ser expuestas las plantas. Especialmente en el período invernal, cuando la atmósfera está seca y la luz es muy escasa, no hay que exponer las plantas a temperaturas excesivamente altas, ya que sufrirían tanto o más que con los descensos. La pérdida de hojas puede ser un indicio de temperatura no idónea.

Humedad

El ambiente natural de crecimiento de la mayor parte de las plantas de interiores presenta una elevadísima humedad del aire. Por el contrario, en los apartamentos de lujo con los modernos sistemas de calefacción, el aire se reseca, resultando muy perjudicial para las plantas. Es de notar que las dificultades de adaptación de las plantas en los interiores no van ligadas generalmente a una temperatura inadecuada, a sustratos inapropiados, o a exposiciones excesivas, sino más bien a una humedad del aire poco elevada.

Uno de los métodos más comunes para mantener cierta humedad es la de poner un poco de agua en el plato de la maceta, teniendo cuidado de levantar aquella como ya se ha indicado. Otro método sencillo consiste en colocar la maceta en un recipiente mayor rellenando el espacio con fango que se mantendrá siempre húmedo. También las nebulosidades creadas con simples aparatos a presión, o con el empleo apropiado de aparatos eléctricos en la actualidad extendidos por todas partes, permiten crear una atmósfera lo suficientemente húmeda, que sea apta incluso para las plantas más exigentes. También en el período estival, cuando la temperatura supera la ideal, el uso de nebulosidades permite a las plantas de interiores que, en su mayor parte, son plantas selváticas, esto es, originarias de ambientes con temperaturas medias y humedad elevada, superar los momentos más críticos.

Riegos

La humedad del terreno necesaria a las plantas es muy distinta de una especie a otra, Hay plantas que exigen la presencia constante de humedad en la maceta, mientras que por el contrario hay especies que soportan mal el terreno húmedo. Las mismas plantas necesitan una cantidad distinta de agua a lo largo del año, porque en los períodos de crecimiento sus necesidades son mayores, mientras que en los períodos de reposo son muy limitadas. En efecto, las plantas durante este período absorben muy poca agua, y la tierra demasiado mojada favorece la putrefacción de las raíces. Naturalmente, la temperatura modifica las exigencias de agua de la planta. En los períodos cálidos aumenta la necesidad, mientras que cuando la temperatura es baja, la cantidad de agua necesaria es mucho menor. Así las plantas que pasan el invierno en locales fríos deben regarse a pequeñas dosis y a intervalos muy largos, mientras que las plantas que viven enfócales muy calientes y secos, deben regarse con frecuencia.

Hay muchos medios para darse cuenta de si la planta necesita ser regada. Las macetas de barro cambian de color haciéndose más claras, golpeadas con los nudillos emiten un ruido sonoro, sopesadas parecen más ligeras, mientras que el examen de la superficie de la tierra tiene muy poco valor, pues si bien ésta puede estar seca, la masa de tierra que está debajo todavía conserva la humedad suficiente.

Como norma capital, diremos que es más importante, para el buen crecimiento de la planta, la regularidad del riego que la abundancia de agua ya que ésta, según se ha demostrado, es causa de numerosos daños.

Otra norma importante es no regar nunca las plantas con agua fría, o por lo menos más fría que la temperatura ambiente donde vive la planta. Es preciso llenar el espacio que hay entre la tierra y el borde de la maceta para asegurar una suficiente cantidad de agua a la planta. Las macetas más pequeñas se secan antes que las grandes y, por ello, se han de regar con más frecuencia, si bien en cantidades proporcionalmente inferiores de agua. De tanto en tanto, especialmente en el período primaveral, cuando el crecimiento de las plantas es más activo, puede ser útil sumergir en agua las macetas hasta el borde y dejarlas así hasta que toda la tierra esté embebida. Este método de irrigación puede servir también en los casos en que nos hayamos olvidado de regar las plantas durante un largo período de tiempo, ya que el terreno muy reseco es incapaz de absorber y retener el agua que vertemos sobre él. Cuando tenemos que ausentarnos durante cierto tiempo para asegurar la humedad necesaria a las plantas, es conveniente introducir en el agujero del fondo de la maceta una estopa o una cuerda deshilachada y sumergirla en el agua contenida en el plato. Por capilaridad, el agua subirá y mantendrá húmedo el terreno.

Abonos

Puesto que la cantidad de sustrato a disposición de las plantas suele ser pequeña y desproporcionada a las exigencias de aquella, es indispensable abonarlas regularmente, aunque con distinta frecuencia. Cuando la vegetación está en pleno desarrollo, el suministro de elementos fertilizantes es indispensable con el fin de no paralizar su crecimiento o, por lo menos, el desarrollo de hojas de modestas dimensiones. Por lo general, los abonos se distribuyen después de haberlos diluido en el agua de riego. ¡Atención a la cantidad! No más de una cucharadita de café por cada dos litros de agua. Para ser precisos, uno o dos gramos de abono por litro. Muchos abonos vienen presentados en forma de píldoras que se introducen en el terreno, disolviéndose lentamente en el curso de algunas semanas, poniendo así continuamente en contacto con las raíces los elementos necesarios para su desarrollo. De muy poca utilidad, por no decir perjudiciales, son los suministros de leche, café o azúcar que no son asimilables por parte de las plantas, y que, por el contrario, contribuyen al desarrollo de peligrosos parásitos.

Cuando se tiene la certeza de que el desarrollo ha cesado, aunque no se suspende, se demora el suministro de elementos fertilizantes. Inmediatamente después de los trasplantes no conviene abonar, pues resulta mejor que las nuevas raíces se afirmen antes de ponerlas en contacto con elementos fertilizantes. Las plantas enfermas no se abonan hasta después de haber eliminado la causa de la enfermedad.

Cuidados

Con el fin de que las plantas puedan vivir en buenas condiciones, además de la observación de las normas indicadas anteriormente, hay que prestarles otros cuidados que facilitan su desarrollo. La limpieza de las hojas es una operación fundamental que se ha de efectuar con mucha frecuencia. Una esponja humedecida de consistencia suave servirá para eliminar el polvo que se deposita sobre las grandes hojas de las plantas de interiores. Se podrá también colocar la maceta en el baño y lavar las hojas con chorros de agua tibia. Este método es más expedito y está mejor indicado para las plantas de hojas ligeras.

En cualquier caso, la especial apariencia de las plantas exige particulares cuidados, como los tutores de sostén o soportes revestidos de musgo, así como también puede ser conveniente el desmochado y la extirpación del extremo del tallo, para asegurar la expansión de los tallos laterales, con el fin de que las plantas puedan asumir forma de copa y multiplicar sus ramas. La operación debe realizarse en primavera, cuando la planta está en pleno desarrollo. Durante el período estacionario que sigue al desmochado, hay que dejar de abonar las plantas y espaciar los riegos.

Existe la convicción por parte de algunas personas de que es conveniente limpiar las hojas con ceras, lacas u otras sustancias, pero esto es un error, ya que las hojas deben estar completamente limpias para poder respirar y transpirar.

Parásitos

Tres son las causas que perjudican a las plantas: los parásitos vegetales representados por los hongos motivadores de los pudrimientos comunes; los parásitos animales, una nutrida tropa de voraces insectos, y los factores ambientales no aptos para su desarrollo.

La enfermedad más común de las plantas es el pudrimiento del cuello de la raíz, provocado por el exceso de agua. Para curar semejante enfermedad, no hay más que trasladar la planta a un sitio cálido, suspender las irrigaciones y rociar de vez en cuando las hojas con un poco de agua. Transcurrido algún tiempo, se quita la planta de la maceta y se examinan las raíces. Si la planta ha echado nuevas raíces, reconocibles porque son más claras y turgentes, se puede comenzar a regar con mucha moderación. En caso contrario, quedan pocas esperanzas de recuperación.

Como consecuencia de un exceso de humedad o bien cuando las plantas han sido expuestas a corrientes de aire o sometidas a una prolongada sequía, puede verse una repentina pérdida de hojas o un amplio amarilleamiento seguido por su caída prematura. Los remedios son obvios. Si aparecen sobre las hojas pústulas o manchas que conducen al desecamiento de la parte dañada, se trata generalmente de enmohecimientos que pueden combatirse, aplicando un criptogamicida adquirido en los comercios especializados.

Los insectos más extendidos sobre las plantas de interiores son las cochinillas; éstas se caracterizan por un pequeño escudo multicolor con el que se protegen mientras liban la linfa. Es necesario frotar con mucha paciencia las partes infectadas con una muñeca de algodón empapada en alcohol para matar los insectos, repitiendo la operación frecuentemente hasta que todos ellos hayan sido destruidos.

Muy corrientes son también los piojos, que desvitalizan las plantas por completo picando las partes más jóvenes y tiernas. Preparados adecuados y aplicados sobre las partes infectadas, logran poner freno a estos temibles parásitos. En muchos casos; las plantas son atacadas por thrips y por arañas rojas, o por otros parásitos que son causa de amarilleamientos, manchas o deformaciones, resultando en los interiores la defensa muy difícil, ya que sería necesario recurrir a productos altamente tóxicos, incluso para el hombre.

Multiplicación

Quedan señaladas las posibilidades de multiplicación de las plantas cultivadas en casa. Naturalmente, sólo podrán recurrir a la multiplicación, quienes posean dotes particulares o un conocimiento profundo de la materia. La única multiplicación aconsejable es la de acodo aéreo por ser de fácil aplicación y de éxito seguro. Sobre el talle, por debajo de las primeras hojas, se coloca el mantillo de hojas o el musgo humedecido y envuelto en un trozo de polietileno. Después de un mes se habrán formado raíces. Quitado el polietileno, el tallo se corta seguidamente por debajo de las raíces y se planta.

Período de reposo

El desarrollo de las plantas, salvo excepciones, tampoco es continuo en las siempre verdes que conservan las mismas hojas durante varios años. Dado que con el período de reposo se conexionan distintas modalidades de irrigación y abonado, es indispensable saber cuándo tiene lugar para mejor dedicar los debidos cuidados a las plantas.

1. Nomenclador Botánico

ABUTILON HYBRIDUM

Familia: Malváceas.

Origen: Brasil y América meridional.

Duración: Vivaz.

Características: Arbusto de hojas palmadas, anchas, delgadas, vellosas especialmente cuando son jóvenes, de matiz verde claro y mostrando flores acampanadas de color naranja.

Época de floración: Todo el verano

Adaptación: Discreta.

Maceta: Un poco grande.

Trasplante: Al comienzo de la primavera, después de una enérgica reducción de su volumen.

Tierra: El tipo de compuesto de jardín, rico en humus.

Exposición: Luminosa en interior ventilado y al aire libre en el verano.

Temperatura: Media en el período estival y moderada en el período Invernal (7-10° C).

Humedad: Ambientes regularmente húmedos.

Riegos: Copiosos en períodos vegetativos y tierra regularmente húmeda, aunque sin excesos.

Abonos: Quincenales, en primavera-verano.

Cuidados: Poda en primavera para vigorizar la planta y contener su desarrollo.

Multiplicación: Por estaca de jóvenes ramas en primavera.

Período de reposo: Invierno.

ACALYPHA HISPIDA

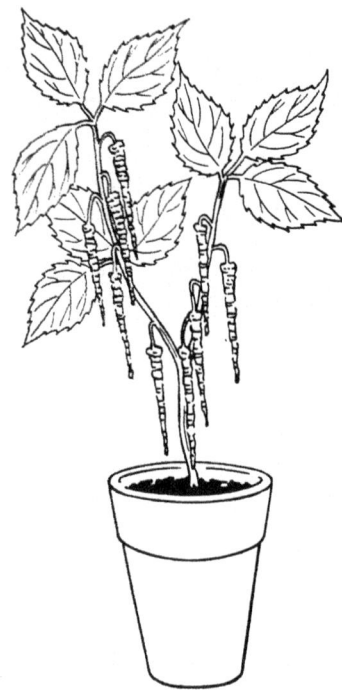

Familia: Euforbiáceas.

Origen: Nueva Guinea e India.

Duración: Vivaz.

Características: Es un pequeño arbusto de grandes hojas ovaladas, de matiz verde oscuro, vellosas y de bordes dentados; muestra largas flores en espigas que cuelgan, parecidas a un rabo de zorro.

Época de floración: Todo el verano.

Adaptación: Modesta.

Maceta: Proporcionada a las dimensiones de la planta.

Trasplante: En primavera, en una maceta de dimensiones medias.

Tierra: Compuesta de jardín, rica en humus y mezclada con arena.

Exposición: Luminosa, pero no directamente al sol.

Temperatura: Elevada, superior a 25° C. En período de reposo de 16-17° C.

Humedad: Elevada con frecuentes nebulizaciones.

Riegos: Copiosos, pero sin exceso, y modestos en el período de reposo.

Abonos: Periódicos, en el tiempo de floración.

Multiplicación: Por estaca en primavera, aunque no es aconsejable en los Interiores.

Período de reposo: Invierno.

ADELFA (*Nerlum oleander*)

Familia: Apocináceas.

Origen. Cuenca mediterránea

Duración: Vivaz.

Características: Arbusto con abundantes ramas de hojas coriáceas, lanceoladas, de matiz verde oliva, brillantes en la cara superior y opacas en la inferior. En la parte superior del tallo, inflorescencias con florecillas rojas, blancas o rosadas.

Época de floración: Verano.

Adaptación: Buena.

Maceta: De dimensiones notables.

Trasplante: Al final de la primavera, podando ramas y renovando parte de la tierra; predisponer un buen drenaje.

Tierra: Corriente muy fértil.

Exposición: A la luz y al sol; en invierno en locales ventilados y frescos a una temperatura de 5-8° C; en verano al aire libre.

Temperatura: Adaptable.

Humedad: No elevada.

Riegos: Copiosos en verano; en invierno muy moderados; soporta la sequía.

Abonos: En el período vegetativo, cada 10 días.

Cuidados: Apartarla del alcance de los niños y animales domésticos.

Parásitos: Cochinillas, roña y manchas de las hojas.

Multiplicación: Por estaca, manteniéndola en agua hasta la formación de raíces.

Período de reposo: Invierno.

Notas: Las hojas son venenosas. Las cochinillas se combaten a base del Lebaycid, Rogos, Metasistox, etc., y la roña y manchas en las hojas, con Karathane.

ADIANTUM CAPILLUS-VENERIS

Familia: Polipodiáceas.

Origen: América tropical.

Duración: Vivaz.

Características: Gracioso helecho formado por un rizoma que lleva abundante follaje de frondas en forma de segmentos trapezoidales, de un verde tenue.

Época de florecimiento: –

Adaptación: Modesta.

Maceta: Más bien pequeña.

Trasplante: En primavera, sin romper el cepellón de tierra.

Tierra: Con un poco de turba o de mantillo de hojas, ricas en fertilizantes.

Exposición: Luminosa, pero no directamente al sol.

Temperatura: Elevada (25-30° C), y en invierno a 16-18° C.

Humedad: Muy elevada.

Riegos: Copiosos a excepción del período invernal.

Abonos: Regulares todos los meses.

Cuidados: Evitar las corrientes de aire.

Parásitos: Resecamientos en las hojas.

Multiplicación: Imposible en interiores.

Período de reposo: Invierno.

Nota: Numerosas variedades hortícolas, que se diferencian por el matiz y el vigor de sus frondas.

AECHMEA FASCIATA

Familia: Bromeliáceas.

Origen: América meridional.

Duración: Vivaz.

Características: Plantas acaules de hojas lineales, coriáceas, rígidas y dispuestas en forma de roseta; las hojas, primeramente, erguidas y recurvadas después, son matizadas y espinosas en los bordes. La floración tiene lugar en el centro de la planta, su color es rosa y persiste bastante tiempo.

Época de floración: Fin de invierno y comienzo de la primavera.

Adaptación: Buena.

Maceta: De dimensiones reducidas.

Trasplante: Después de la floración, separando los renuevos.

Tierra: Ligera y porosa con tierra de castaño, turba o mantillo de hojas bien esparcido, sobre el fondo.

(Aechmea Compacta)

Exposición: Muy luminosa, pero no al sol.

Temperatura: 16-20° C, en el Período invernal, y superior a ésta en el verano.

Humedad: Normal.

Riegos: Regulares, aunque no excesivos:

Abonos: Una vez al mes.

Cuidados: En el período no floral mantener algunos centímetros de agua en el embudo formado por las hojas, y limpiar éstas de cuando en cuando.

Parásitos: Pudrimientos en el cuello de la raíz. Modérense los riegos.

Multiplicación: Por renuevos que emergen después de la floración.

Período de reposo: Verano.

Nota: Se cultivan distintas especies, muy semejantes entre ellas.

AFELANDRA (*Aphelandra Squarrosa*)

Familia: Acantáceas

Origen: Brasil

Duración: Vivaz (de breve duración en interiores)

Características: Planta de pequeño desarrollo de hojas y flores muy decorativas. Las hojas son opuestas, grandes, sarnosas y presentan zonas blancas paralelas ni nervio. La floración en forma de espiga piramidal es de color amarillo.

Época de floración: Prolongada.

Adaptación: Modesta.

Maceta: De dimensiones limitadas.

Trasplante; En primavera.

Tierra: De castaño y mantillo de hojas, con abundante drenaje.

Exposición: Luminosa, aunque no al sol directo.

Temperatura: Elevada, siendo la mínima soportada de 13° C.

Humedad: Elevada.

Riegos: Abundantes en verano y durante el Período de floración, reduciéndolos más tarde.

Abonos: Cada 15 días, en el Período de floración.

Parásitos: Piojos y cochinillas. Se combaten con insecticidas sistémicos.

Cuidados: Limpieza de las hojas, y eliminación de la inflorescencia, al término de la floración.

Multiplicación: Por estaca, en septiembre y en invernadero: imposible en interiores.

Período de reposo: Invierno.

Nota: De la «Squarrosa» se cultivan la «Leopoldi» y la «Louisae».

AGERATUM

Familia: Compuestas.

Origen: México.

Duración: Cultivo anual.

Características: Pequeña planta herbácea formando un ramillete de flores azules muy densas, apta para borduras.

Época de floración: Todo el verano.

Adaptación: Discreta.

Maceta: En terrenos o cajones uniendo varias plantas.

Trasplante: Primavera.

Tierra: Corriente, ligera, mezclada con arena.

Exposición: Clara, ventilada y al aire libre, cuando sea posible.

Temperatura: Amplia adaptación.

Humedad: Normal.

Riegos: Frecuentes.

Abonos: Una vez al mes.

Cuidados: Conviene recortar la brotación para favorecer el acogollamiento.

Parásitos: Ácaros. Se combaten con insecticidas sistémicos.

Multiplicación: Por semilla entre febrero-marzo en un cajón, y repicar cuando presenta dos hojas.

Período de reposo: Invierno.

Nota: Planta de balcón, más que de interiores.

AGLAONEMA (*Aglaonema marantifolium*)

Familia: Aráceas.

Origen: Malasia.

Duración: Vivaz.

Características: Planta erguida, que muestra una tupida sucesión de grandes hojas ovaladas, manchadas de blanco, con un nervio central bien marcado.

Época de floración: Entre primavera y verano.

Adaptación: Discreta.

Maceta: De dimensiones un poco grandes.

Trasplante: Anual, en primavera.

Tierra: Tierra de castaño y mantillo de hojas.

Exposición: Adaptable a una luz tenue.

Temperatura: Elevada, siendo la mínima en invierno de 15° C.

Humedad: Acentuada.

Riegos: Regulares; soporta breves períodos de sequía con temperaturas bajas, debiendo, en este caso, estar el terreno ligeramente húmedo.

Abonos: Una vez al mes.

Cuidados: Eliminar toda hoja caduca. Parásitos: Pudrimiento en el cuello de la raíz y desecamiento de las hojas por exceso de humedad. Suprimir riego.

Multiplicación: Por acodo o estaca, cuando el tallo se despoja en su base y al aire libre.

Período de reposo: Invierno.

Nota: Se cultivan otras especies, en interiores.

ALOCASIA (*Alocasia macrorhiza*)

Familia: Aráceas.

Origen: Ceilán.

Duración: Vivaz.

Características: Planta con breve tallo carnoso y hojas radicales de grandes dimensiones, carnosas y de matiz verde oscuro.

Época de floración: Rara en nuestros climas.

Adaptación: Modesta.

Maceta: De grandes dimensiones.

Trasplante: En marzo.

Tierra: De castaño o mantillo de hojas y un buen drenaje.

Exposición: Luz amplia, pero no a pleno sol; en verano al aire libre.

Temperatura: Elevada, no menor de 25-30° C. y en invierno, de 16-18° C.

Humedad: Acentuada.

Riegos: Abundantes y frecuentes en verano, y moderados en invierno.

Abonos: Regulares, una vez al mes.

Cuidados: Lavado de las hojas.

Parásitos: Excepcionalmente es atacada por insectos y parásitos.

Multiplicación: Por renuevos y acodos, en primavera al aire libre.

Período de reposo: Invierno.

Nota: En su país de origen la planta es comestible.

ALOE (Aloe Africana)

Familia: Liliáceas.

Origen: África del Sur.

Duración: Vivaz.

Características: Planta de pequeño desarrollo de hojas que en parte abrazan el tallo, lanceoladas, carnosas y con espinas en los bordes; en el centro y en la cima del tallo, muestra una floración roja.

Época de floración: Variable, aunque más frecuentemente en verano.

Adaptación: Buena.

Maceta: De modestas dimensiones.

Trasplante: Cada 3-4 años.

Tierra: Corriente de jardín, enriquecida con turba.

Exposición: En locales luminosos y también al sol; en verano, al aire libre.

Temperatura: Adaptada a climas suaves; en invierno de 6-7° C, siendo la mínima soportada ligeramente superior a los 0°.

Humedad: Ambientes secos.

Riegos: Copiosos en verano y moderados en los otros períodos. Resiste la sequía.

Abonos: Todos los meses de verano.

Cuidados: Limpieza de las hojas.

Parásitos: Desecamiento de las hojas por el ataque de ciertas cochinillas. Combatirlas por medio de insecticidas sistémicos.

Multiplicación: Por renuevos, en primavera y al aire libre.

Período de reposo: Después de la floración, generalmente en invierno.

Notas: No mojar las hojas; numerosas especies cultivadas, se diferencian por su apariencia, vigor y color de sus flores.

AMARILIS-BELLADONA
(Amaryllis hippeastrum longiflorum)

Familia: Amarilidáceas.

Origen: América del Sur.

Duración: Vivaz.

Características: Bulbosa, dotadas de pocas hojas, lanceoladas, gruesas y mostrando sobre un robusto escapo grandes flores acampanadas de diversos colores.

Época de floración: Primavera – verano.

Adaptación: Discreta.

Maceta: No muy grande (de 10 a 12 cm de diámetro); 1/3 del bulbo debe emerger de la tierra.

Trasplante: En diciembre-febrero antes de la reanudación vegetativa, sin romper las raíces.

Fierra: Corriente, porosa, ligera y bien drenada.

Exposición: Muy luminosa y, en verano, al aire libre poco soleado.

Temperatura: Un poco elevada, siendo la mínima de 12° C.

Humedad: Seca en el período de reposo.

Riegos: Abundantes durante el desarrollo, más escasos durante la floración, y mínimos o nulos en el Período de reposo.

Abonos: Semanales, en el período de crecimiento y floración.

Cuidados: Muy relativos.

Parásitos: Pudrimiento del bulbo, por el ataque de ácaros y cochinillas.

Multiplicación: Por sus bulbos, no aconsejable en Interiores.

Período de reposo: Otoño-invierno, con pérdida de las hojas.

Nota: Para combatir los ácaros aplicar acaricida-ovicidas, y para las cochinillas, insecticidas sistémicos.

ANTURIO (*Anthurium andreanum*)

Familia: Aráceas.

Origen: Colombia.

Duración: Vivaz (en interiores la vida es más bien breve).

Características: Amplias hojas radicales, lanceoladas, de matiz verde oscuro, mostrando flores características provistas de una espata coriácea, rojo brillante.

Época de floración: Durante todo el año, pero supeditada a las condiciones climáticas.

Adaptación: Modesta.

Maceta: De dimensiones limitadas.

Trasplante: A la renovación de la vegetación.

Tierra: Rica en humus, con turba y abundante drenaje.

Exposición: Luminosa, pero no al sol directo, adaptándose en ambientes sombreados.

Temperatura: Temperatura media de 25-30° C, siendo 15° la mínima soportada; exige calor húmedo, y constancia de grado térmico.

Humedad: Ambientes muy húmedos.

Riegos: Copiosos, especialmente en verano, o con temperaturas elevadas.

Abonos: Cada quince días, a excepción del período de reposo.

Cuidados: Lavar las hojas con paños suaves mojados, y pulverizaciones.

Parásitos: Especialmente es atacada por insectos y parásitos.

Multiplicación: Por división de mata en primavera.

Período de reposo: Durante el invierno, con temperatura y humedad bajas.

Nota: Se cultivan en interiores diversas especies y variedades con espatas de distinta tonalidad roja; las flores cortadas duran más de tres semanas; los Insectos se combaten con Insecticidas sistémicos y los parásitos con Karathane.

ARALIA (*Aralia iaponica*)

Familia: Araliáceas.

Origen: Japón.

Duración: Vivaz.

Características: Arbusto a menudo con un solo tallo, que muestra amplias hojas, palmadas con 7 o 9 lóbulos, de matiz verde intenso y membranosas.

Época de floración: Verano; rara en interiores.

Adaptación: Óptima.

Maceta: De dimensiones proporcionadas a la planta.

Trasplante: En primavera.

Tierra: Corriente, ligera, mezclada con arena.

Exposición: Luminosa, aunque no directamente al sol; se adapta a la sombra; en verano al aire libre, aunque resguardada del viento y del sol.

Temperatura: Gran adaptación; en invierno, en locales no demasiado calientes (5-6º C).

Humedad: Relativa.

Riegos: En verano diarios; en invierno moderados; con la tierra regularmente húmeda.

Abonos: Cada 15 días, en el período vegetativo.

Cuidados: Limpieza de las hojas, y lavados frecuentes.

Parásitos: Cochinillas, desecamiento de las hojas, y ataque de la araña roja.

Multiplicación: Por estaca, o acodo en primavera, con la nueva vegetación y al aire libre.

Período de reposo: Invierno.

Notas: Se combaten las cochinillas por medio de los insecticidas sistémicos y la araña roja con acaricidas. La «aralia lieboldi» se conoce también por «Fatsia iaponica»

ARAUCARIA (*Araucaria excelsa*)

Familia: Coniferas Prináceas Araucarióideas.

Origen: Australia.

Duración: Vivaz.

Características: Pequeño árbol de regular desarrollo en interiores con ramificaciones dispuestas horizontalmente en verticilos de 4 ramas, regularmente más pequeñas hacia la parte superior, confiriendo así una forma piramidal. Hojas en forma de aguja no punzantes, de 1 cm de longitud.

Época de floración: Primavera.

Adaptación: Buena.

Maceta: Proporcionada a las dimensiones de la planta.

Trasplante: Cada 3-4 años en primavera, antes de la reanudación vegetativa.

Tierra: Rica en humus, con mezcla de turba y buen drenaje.

Exposición: Fresca y luminosa, aunque no directamente al sol; en el verano, al aire libre en un lugar semi-sombreado.

Temperatura: Adaptada a temperaturas medias; en invierno a 7-8° C, soportando temperaturas cercanas a los 0° C.

Humedad: Regularmente húmeda.

Riegos: Regulares, aunque no abundantes, y con tierra normalmente húmeda.

Abonos: Una vez al mes.

Cuidados: Con lavados limpiar las ramas.

Parásitos: Fusariun del «Capnodium» causante de la fumagina.

Período de reposo: Invierno.

Multiplicación: Por estaca, aunque imposible en interiores, y sí al aire libre.

Nota: Combatir el parásito mediante polisulfuros.

ARBOL DE LA SOMBRILLA
(Scheffiera actinophylla)

Familia: Arciláceas.

Origen: Nueva Guinea.

Duración: Vivaz.

Características: En maceta, es un pequeño arbusto leñoso, de hojas ovaladas, alargadas, duras, de matiz verde oscuro, brillantes y dispuestas en verticilos.

Época de floración: Primavera.

Adaptación: Buena.

Maceta: De modestas dimensiones.

Trasplante: En primavera.

Tierra: Compuesta y con arena.

Exposición: Luminosa al sol, y también al aire libre; en verano en lugares resguardados.

Temperatura: Elevada; no soporta cambios de temperatura.

Humedad: Soporta ambientes secos.

Riegos: Regulares en verano, pero moderados; en invierno muy reducidos; soporta la sequía.

Abonos: De cuando en cuando, en pequeñas dosis.

Cuidados: Limpieza de las hojas.

Parásitos: Se desconoce todo ataque.

Multiplicación: Por estaquillas en invernadero. Imposible en interiores.

Período de reposo: Invierno.

Nota: Se cultiva especialmente en interiores la variedad «*Variegata*».

ASPIDISTRA (*Aspidistra elatior*)

Familia: Liliáceas.

Origen: Japón.

Duración: Vivaz.

Características: Planta rizomatosa, hojas de matiz verde oscuro, un poco coriáceas, lanceoladas, peciolada y de hasta 50 cm de longitud.

Época de floración: Rara en interiores.

Adaptación: Óptima.

Maceta: De modestas dimensiones.

Trasplante: Cada 3-4 años cuando la maceta resulta pequeña (afloran las raíces en la superficie, y no se forman nuevas hojas).

Tierra: Común de jardín.

Exposición: Se adapta a cualquier exposición; en verano al aire libre y en sitio sombreado.

Temperatura: De medianas exigencias y en invierno 10° C, siendo la mínima soportada, algunos grados por encima de los 0° C.

Humedad: Resiste los ambientes secos.

Riegos: Regulares, soportando la sequía.

Abonos: Cada 30 días.

Cuidados: Lavar las hojas.

Parásitos: Cochinillas y desecamiento de las hojas.

Multiplicación: Por división de la mata, en primavera.

Período de reposo: Invierno,

Notas: Se cultiva también, otra variedad distinta y matizada. Se combaten las cochinillas causantes del desecamiento de las hojas con Lebaycid.

ASPLENIO (*Asplenium nidus*)

Familia: Polipodiáceas.

Origen: Asia Oriental.

Duración: Vivaz.

Características: Planta formada por un tallo de frondas de matiz verde claro brillante, alargadas, de consistencia ligera y que se yerguen con los bordes ondulados, de un grueso rizoma.

Época de floración: Pasa desapercibida por su carácter.

Adaptación: Escasa.

Maceta: De dimensiones modestas.

Trasplante: En marzo.

Tierra: De castaño y mantillo de hojas, con buen drenaje.

Exposición: Nunca al sol directo, siendo preferible colocarla en sitio sombreado.

Temperatura: Exigencia media en invierno. Mínima soportada, 15° C.

Humedad: Muy elevada.

Riegos: Frecuentes y abundantes, manteniendo húmeda la tierra.

Abonos: Cada mes.

Cuidados: Limpiar las frondas con paños suaves y húmedos, y evitar las corrientes de aire.

Parásitos. Desecamiento de las frondas.

Multiplicación: Imposible en interiores, pero posible en invernadero.

Período de reposo: Invierno.

Nota: Combatir las cochinillas a base de sistémicos, en evitación del desecamiento de las frondas.

AUCUBA (*Aucuba iaponica*)

Familia: Cornáceas.

Origen: Japón.

Duración: Vivaz.

Características: Arbusto dioico rico en ramas y hojas ovaladas, gruesas, matizadas de amarillo. Las plantas femeninas muestran en verano rayas rojas sobre las ramas más jóvenes.

Época de floración: Mayo-junio (rara si permanecen en interiores).

Adaptación: Buena.

Maceta: De notables dimensiones; el arbusto se cultiva también en cajoneras.

Trasplante: En primavera, cada 2-3 años.

Tierra: Compuesta, bien fertilizada y ácida.

Exposición: Luminosa y ventilada en interiores; en verano, en un lugar semisombreado.

Temperatura: No tiene exigencias particulares, estando la mínima soportable próxima a los 0° C.

Humedad: Regular.

Riegos: Frecuentes, aunque soporta una ligera sequedad; mantener la tierra ligeramente húmeda.

Abonos: Cada 15 días.

Cuidados: Tratamientos antiparasitarios en las hojas, y lavados periódicos.

Parásitos: Piojos y cochinillas.

Multiplicación: En primavera, por estaca y acodo en invernadero.

Período de reposo: Invierno.

Nota: Los piojos y cochinillas pueden combatirse con Lebaycid.

AZALEA (*Rhododendron indicum*)

Familia: Ericáceas.

Origen: Asia Oriental.

Duración: Vivaz.

Características: Arbusto de limitadas dimensiones y muy ramoso, de hojas pequeñas, ovaladas, coriáceas, de matiz verde oscuro y flores de diverso color y tamaño.

Época de floración: Primavera (desde Navidad se somete a forzamiento).

Adaptación: Discreta.

Maceta: De dimensiones modestas, y de forma alargada.

Trasplante: Cada 2-3 años, antes de la floración.

Tierra: Fértil, acida, rica en humus, turba y tierra de brezo o castaño.

Exposición: En invierno, en lugar luminoso fresco; en verano, en sitio semisombreado.

Temperatura: Después de la floración, alrededor de los 10° C; en verano temperaturas moderadas, y más elevadas antes y durante la floración.

Humedad: Constante y elevada.

Riegos: Regulares; son sensibles a las oscilaciones de humedad; vaporizaciones en ambientes secos.

Abonos: En verano, cada 10 días a dosis muy reducidas.

Cuidados: Atención a las plantas forzadas cuya reanudación vegetativa es difícil, en caso de haberse debilitado.

Parásitos: Desecamiento de las hojas, cochinillas, hojas minadas.

Multiplicación: No aconsejable en interiores, ni en invernadero.

Período de reposo: Después de la floración.

Nota: Regar con agua carente de materia calcárea, y asegurar el período de reposo, después de la floración. Se combaten las cochinillas y orugas muraderas causantes del desecamiento de las hojas, con Lebaycid y Rogor.

BALSAMINA. *(Impatiens sultanii)*

Familia: Balsamináceas.

Origen: África.

Duración: Vivaz y, con frecuencia, anual en cultivo.

Características: Planta herbácea de matorral, provista de tallos carnosas, y pequeñas hojas gruesas, vellosas; capaz de un florecimiento continuo, y de pequeñas flores rojas.

Época de floración: Verano.

Adaptación: Buena.

Maceta: De medianas dimensiones.

Trasplante: En primavera, efectuando al mismo tiempo un severo despunte.

Tierra: Compuesta de mantillo de hoja o de estiércol.

Exposición: En lugar luminoso, incluso al aire libre, pero preferiblemente en sitio semi-sombreado.

Temperatura: Buena adaptación. No soporta temperaturas próximas a 0° C.

Humedad: Normal.

Riegos: Abundantes en el período cálido; mantener siempre húmedo el terreno.

Abonos: Cada 15 días.

Cuidados: Eliminar las flores marchitas.

Parásitos: No son corrientes.

Multiplicación: Por esqueje. Se reproduce también por semilla.

Período de reposo: Invierno.

Nota: La multiplicación puede hacerse en invernadero, y la siembra al aire libre.

BEGONIA (*Begonia rex-cultosum*)

Familia: Begoniáceas.

Origen: India.

Duración: Vivaz.

Características: Tallo ramificado de hojas cordiformes, consistentes, híspidas con magníficas variaciones y de matices más diversos. Reflejos plateados. El aparato radical es rizomatoso.

Época de floración: No florece, o produce flores insignificantes.

Adaptación: Discreta.

Maceta: De modestas dimensiones.

Trasplante: Cada 2-3 años, en la reanudación vegetativa.

Tierra: Con 2 partes de tierra ligera;

2 de turba; 2 de mantillo de hojas, y 1 de arena.

Exposición: Luminosa, aunque no totalmente al sol.

Temperatura: 15-18° C, como mínimo en el período de crecimiento; de 12-14° C, en invierno.

Humedad: Muy elevada.

Riegos: Regulares y abundantes en el período vegetativo, y moderados en el período de semi-reposo.

Abonos: A largos intervalos.

Cuidados: Usar agua no calcárea, siendo preferible no mojar las hojas.

Parásitos: Pudrimiento del cuello de la raíz y araña roja.

Multiplicación: Por esqueje, cortando el peciolo de las hojas.

Período de reposo: Invierno (pierde parte de las hojas).

Notas: Cultivadas numerosísimas variedades de forma y matiz de las hojas muy distintos. Regular los riegos en evitación del pudrimiento del cuello de la raíz, y combatir los ácaros por medio del Tedión o Kelthane.

BERGENIA (*Bergenia ligulata*)

Familia: Saxifragáceas.

Origen: Himalaya.

Duración: Vivaz.

Características: Planta rizomatosa de modestas dimensiones, dotada de anchas hojas redondas, ciliadas en los bordes, consistentes y de matiz verde brillante; muestra, en el extremo de cada ramo, flores rojas muy decorativas.

Época de floración: Marzo-abril.

Adaptación: Discreta.

Maceta: De modestas dimensiones.

Trasplante: En otoño, en maceta, de medianas dimensiones.

Tierra: De jardín, fértil.

Exposición: Luminosa, teniéndola al aire libre el mayor tiempo posible, en un lugar semi-sombreado.

Temperatura: La óptima para el crecimiento es la de 12-15° C; soporta temperaturas inferiores a los 0° C, aunque pierde las hojas.

Humedad: Elevada.

Riegos: Copiosos en verano, y moderados en invierno.

Abonos: Todos los meses, durante los períodos primaveral y estival.

Cuidados: Lavar las hojas.

Parásitos: Excepcionalmente es atacada por insectos y parásitos.

Multiplicación: Por división de mata: se reproduce por semilla.

Período de reposo: Invierno, con las bajas temperaturas.

Nota: La multiplicación y reproducción puede hacerse al aire libre en primavera y a media sombra.

BOGAINVILIA (*Bougainvillea glabra*)

Familia: Nictagináceas.

Origen: Brasil.

Duración: Vivaz.

Características: Planta trepadora leñosa y espinosa, de hojas verdes oscuras, alternas, capaz de recubrirse de muchas flores de vivos colores rojos, de larga duración.

Época de floración: Primavera-verano.

Adaptación: Discreta.

Maceta: De considerables dimensiones.

Trasplante: Cada 2-3 años al final de la floración, precedida por una drástica poda.

Tierra: Corriente de jardín, muy fértil.

Exposición: En un lugar claro y al sol, y en verano al aire libre.

Temperatura: En invierno, la mínima soportable es de 7-10° C; en el Período vegetativo requiere temperaturas. muy elevadas.

Humedad: Normal.

Riegos: Abundantes en el período vegetativo, y moderados en invierno; en el período de reposo, soporta la sequedad.

Abonos: En el Período vegetativo, cada 15-20 días.

Cuidados: Sostener la planta, con una alambrada.

Parásitos: Excepcionalmente es atacada por insectos y parásitos.

Multiplicación: Por estaca, en otoño y en invernadero, pero imposible en interiores.

Período de reposo: Otoño-invierno

Nota: Al regar, no mojar la planta.

BREZO *(Erica gracilis)*

Familia: Ericáceas.

Origen: África del Sur.

Duración: Vivaz.

Características: Pequeño arbusto de hojas lineales, afiladas, duras, de matiz verde intenso; los brotes terminan con un racimo de flores acampanadas, pequeñas y rojas.

Época de floración: Invierno.

Adaptación: Buena.

Maceta: De pequeñas dimensiones.

Trasplante: En primavera, en macetas no muy grandes.

Tierra: De castaño, con turba carente de materia calcárea.

Exposición: En sitio luminoso y fresco; en verano al aire libre en sitio sombreado.

Temperatura: Intermedia; elevada antes de la floración; no superior a los 10° C, después de aquella.

Humedad: Elevada y constante.

Riegos: Regulares, con agua carente de materia calcárea.

Abonos: Mensuales.

Cuidados: Sacarla al exterior periódicamente.

Parásitos: Desecamiento de las hojas.

Multiplicación: Por estaca en invernadero y en otoño; no aconsejable en interiores.

Período de reposo: Después de la floración.

Nota: Espolvorear con azufre, en evitación del desecamiento de las hojas.

CACTO (Cactus. Diferentes especies)

Familia: Cactáceas.

Origen: América.

Duración: Vivaz.

Características: Plantas carnosas de tallo grueso, con abundantes espinas, de diversas formas y dimensiones.

Época de floración: Verano.

Adaptación: Óptima.

Maceta: De pequeñas dimensiones.

Trasplante: Cada 2 años, procurando no dañar las raíces.

Tierra: Arenosa, bien drenada.

Exposición: A la luz y al sol, y en verano al aire libre.

Temperatura: Ligeramente elevada; en invierno por debajo de los 15° C para permitir el reposo, aunque sin acercarse demasiado a los 0° C.

Humedad: Limitada.

Riegos: Regulares en el período vegetativo, y muy moderados en invierno; soporta largas sequías.

Abonos: Mensuales, en pequeñas dosis.

Cuidados: Con los riegos.

Parásitos: Pudrimiento del cuello de la raíz y cochinillas.

Multiplicación: No aconsejable en interiores, pero fácil en invernadero. Se reproduce también por semilla.

Período de reposo: Invierno.

Notas: Se cultivan numerosas variedades semejantes entre sí: *aporocactus, cleistocactus, ferocactus, hamatocactus, equinocactus, myrtillocactus*. Para evitar el pudrimiento del cuello de la raíz, moderar los riegos, y para combatir las cochinillas aplicar el Lebaycid o Metasistox.

CALA (*Zantedeschia aethiopica*)

Familia: Aráceas

Origen: África del Sur

Duración: Vivaz

Características: Rizomatosa de hojas radicales, lanceoladas, astadas, de matiz verde, recargada de una inflorescencia compuesta de una blanca espata, y de una espartilla amarilla.

Época de floración: De abril a junio.

Adaptación: Discreta.

Maceta: Proporcionada a las dimensiones de la planta.

Trasplante: En septiembre, a la reanudación de la vida vegetativa, cambiar la tierra, y replantar en la misma maceta.

Tierra: Corriente, fértil, con arena y óptimo drenaje.

Exposición: Luminosa, preferiblemente con luz difusa; terminada la floración, al aire libre, y en otoño, en sitios de temperatura moderada (10° C).

Temperatura: No muy elevada.

Humedad: Acentuada.

Riegos: Copiosos hasta el fin de la floración; seguidamente aclararla y suspenderlos durante el período de reposo; no regar con agua fría.

Abonos: Cada 15 días.

Cuidados: Los de toda planta.

Parásitos: Manchas de las hojas, pudrimiento de las raíces y bacteriosis.

Multiplicación: Por división de los rizomas.

Período de reposo: Entre julio-agosto.

Notas: Existe una especie de espata amarilla. Se previenen las manchas de las hojas con espolvoreo de azufre, y la bacteriosis desinfectando la tierra con Karathane y Cordano.

CALADIO (*Caladium bicolor*)

Familia: Aráceas.

Origen: América del Sur.

Duración: Vivaz, pero anual en interiores.

Características: Planta de hojas sagitadas, con variados dibujos de forma diversa y matices muy atractivos. De las hojas, de unos 50 centímetros de alto, sale un tubérculo de pequeñas dimensiones, secándose en invierno.

Época de floración: No florece.

Adaptación: Modesta.

Maceta: De 14-18 cm de diámetro.

Trasplante: Anual, quitando el tubérculo de la maceta en otoño, y trasplantándolo en primavera.

Tierra: Muy ligera, compuesta de arena, turba, tierra fértil, y de castaño.

Exposición: Luminosa, pero no al sol.

Temperatura: Elevada (18-20° C) y constante. Mínima tolerada 15° C.

Humedad: Muy elevada.

Riegos: Abundantes y regulares, hasta el amarilleamiento de las hojas.

Abonos: Cada 15 días.

Cuidados: En el período de germinación del tubérculo, la temperatura debe mantenerse alta, con humedad muy regular del terreno.

Parásitos: Excepcionalmente es atacada por insectos y parásitos.

Multiplicación: Imposible en interiores, pero fácil al aire libre.

Período de reposo: Otoño-invierno.

Notas: El tubérculo se arranca, deseca y conserva, en arena, a la temperatura constante de 17° C, hasta su plantación.

CALCEOLARIA (*Calceolaria biflora)*

Familia: Escrofulariáceas.

Origen: Chile.

Duración: Anual.

Características: Planta herbácea en forma de matorral de anchas hojas, adornada de flores de forma globulosa a manera de bolsa de color amarillo, y con variaciones rojo-castaño.

Época de floración: De marzo a julio.

Adaptación: Discreta.

Maceta: De 14-18 cm de diámetro.

Trasplante: Septiembre, octubre y marzo, aumentando las dimensiones de la maceta.

Tierra: Compuesta y reblandecida con un poco de arena.

Exposición: Luminosa; preferible que no esté al sol directo y al aire libre.

Temperatura: No soporta ni el calor ni el frío. Temperatura óptima 13-15° C.

Humedad: Normal.

Riegos: Proporcionales a la temperatura (a más calor más agua).

Abonos: Cada 10 días.

Cuidados: No mojar ni las hojas, ni las flores.

Parásitos: Pudrimiento del cuello de la raíz, piojos y nemátodos.

Multiplicación: Estaquillas en otoño y en invernadero y por semilla, en julio-agosto.

Período de reposo: Invierno.

Nota: Moderar los riegos en evitación del pudrimiento del cuello de la raíz. Aplicar el Lebaycid o Metasistox contra los piojos, y el Aldrin en el suelo contra los nemátodos.

CAMELIA (*Camellia iaponica*)

Familia: Teáceas.

Origen: Japón y Corea.

Duración: Vivaz.

Características: Arbusto siempre verde con hojas de matiz verde oscuro, ovaladas, coriáceas y finamente dentadas: flores axilares blancas o rojas, simples o dobles.

Época de floración: Primavera-verano.

Adaptación: Discreta (si se cuidan adecuadamente).

Maceta: De dimensiones proporcionadas a la planta.

Trasplante: Cada 3 años después de la floración, con óptimo drenaje.

Tierra: De hojarascas de castaño, con turba totalmente ácida.

Exposición: En posición luminosa, pero no al sol; en verano, al aire libre, pero en un sitio sombreado.

Temperatura: No soporta el calor, siendo la temperatura óptima 13-15° C; después de la floración, 6-8° C.

Humedad: Normal.

Riegos: Frecuentes durante el desarrollo, con agua carente de calcio.

Abonos: Cada 10 días en el período vegetativo.

Cuidados: No mover la maceta antes de la floración; evitar los cambios bruscos de temperatura y las corrientes de aire; mantener una humedad regular.

Parásitos: Cochinillas, suciedad de las hojas y pústulas.

Multiplicación: Por estaquilla, no aconsejable en interiores, pero sí en invernadero.

Período de reposo: Después de la floración, durante 2-3 meses.

Nota: Combatir las cochinillas a base de insecticidas sistémicos, y las pústulas con criptogamicidas en cualquier época.

CEREUS *(Cereus. Varías especies)*

Familia: Cactáceas.

Origen: América del Sur

Duración: Vivaz

Características: Planta de naturaleza carnosa de 6-8 pedúnculos florales simples o ramificados, con frecuencia concrecionados en un solo racimo rico en pelos y espinas.

Época de floración: Variable; las flores se mantienen abiertas solamente de noche.

Adaptación: Óptima.

Maceta: De pequeñas dimensiones.

Trasplante: Cada 3 años (después de la floración) sin romper las raíces.

Tierra: Arenosa, con tierra de jardín muy ligera y permeable.

Exposición: A la luz y al sol y, en verano, al aire libre.

Temperatura: Un poco elevada; en invierno por debajo de los 15° C para permitir el reposo, siendo la mínima soportada de 8-12° C.

Humedad: Modesta.

Riegos: Regulares, pero moderados en el Período de crecimiento; muy reducidos en el período de reposo; soporta largas sequías.

Abonos: Cada mes, en pequeñas dosis.

Cuidados: No abusar de los riegos.

Parásitos: Momificación, pudrimiento del cuello de la raíz y cochinillas.

Multiplicación: No aconsejable en interiores.

Período de reposo: Invierno.

Notas: Se cultivan distintas especies de esta planta: *Nyctocereus, cephalocereus, lophocereus, echino-cereus, oleocereus, trichocereus, pilocereus, chamaccereus, heliocereus, lemaireocereus e hylocereus,* que se distinguen por la disposición de las espinas. Para evitar el pudrimiento de la raíz, suprimir los riegos y combatir las cochinillas con Lebaycid, Metasistox, etcétera.

CEROPEGIA (*Ceropegia woodii*)

Ceropegia dichotoma

Familia: Asclepiadáceas.

Origen: África del Sur.

Duración: Vivaz.

Características: Planta tuberosa, de porte colgante o voluble, y pequeñas dimensiones, formada por delgadas ramas de hasta un metro de longitud, de hojas opuestas, pequeñas, arriñonadas, carnosas y matizadas de blanco. Muestra florecidas de color púrpura.

Época de floración: Verano.

Adaptación: Buena.

Maceta: De modestas dimensiones.

Trasplante: En primavera cada 2-3 años.

Tierra: Compuesta, aligerada con arena.

Exposición: A plena luz y sol; en verano al aire libre en sitio ventilado.

Temperatura: En invierno 10-120 C, siendo la mínima soportada 8° C; de notable adaptación, aunque prefiere el calor.

Humedad: Normal.

Riegos: Copiosos en verano y más moderados en invierno.

Ceropegia stapeliaeformis

Abonos: Una vez al mes.

Cuidados: No abusar de los riegos en estado de reposo de la planta.

Parásitos: Excepcionalmente es atacada por insectos y parásitos.

Multiplicación: Por división de los rizomas y por esquejes en abril, al aire libre.

Período de reposo: Invierno.

Nota: Los esquejes se obtienen de las ramificaciones laterales.

CICA (*Cycas revoluta*)

Familia: Cicadáceas

Origen Java, Japón

Duración: Vivaz

Características: Magnífica palmácea de corto tronco y engrosado terminando en un copete de hojas rígidas, largas, compuestas, formadas por un período sobre el que se adhieren hojitas lineales de bordes curvados y de matiz verde oscuro.

Época de floración: junio, al aire libre.

Adaptación: Óptima.

Maceta: Más bien grande y profunda.

Trasplante: Cada 3 a 4 años.

Tierra: Corriente, bien fertilizada.

Exposición: A la luz difusa.

Temperatura: Mínima soportada 8-12° C; adaptación discreta.

Humedad: Normal.

Riegos: Regulares en verano; muy moderados en invierno; la planta soporta también la sequía.

Abonos: Mensuales.

Cuidados: Eliminar las hojas basales que se sequen.

Parásitos: Pudrimiento del tronco.

Multiplicación: Imposible en interiores.

Período de reposo: Invierno.

Notas: Echa 10-12 hojas al año. Regular los riegos, en evitación del pudrimiento del tronco.

CICLAMEN «PAN DE PUERCO» (*Cyclamen persicum*)

Familia: Primuláceas.

Origen: Chipre.

Duración: Vivaz.

Características: Planta tuberosa caracterizada por una mata de hojas radicales ligeramente coriáceas y cordiformes; por encima se yerguen numerosos escapos de flores violetas, rojas o blancas con pétalos a franjas.

Época de floración: Otoño.

Adaptación: Discreta.

Maceta: De dimensiones no superiores a 18-20 cm de diámetro.

Trasplante: A la reanudación vegetativa.

Tierra: Mantillo de hojas, turba y arena.

Exposición: En lugar luminoso en invierno; durante el verano al aire libre resguardada del sol.

Cyclamen hederifolium

Temperatura: Moderada especialmente en el Período de floración (15° C); soporta temperaturas cercanas a los 0° C.

Humedad: Elevada.

Riegos: Abundantes en el período vegetativo y de floración, disminuyéndolos progresivamente hasta suspenderlos en el período de reposo.

Abonos: Cada 10 días en el Período que precede a la floración.

Cuidados: El tubérculo debe permanecer en parte fuera de tierra; evitar mojarlo.

Parásitos: Pudrimiento de los pedúnculos y peciolos; manchas de las hojas, oídlo.

Multiplicación: Imposible en interiores. Se reproduce por semilla en invernadero.

Período de reposo: Invierno.

Notas: Planta frecuentemente forzada y por ello difícil de cultivar en interiores. Regular los riegos en evitación del pudrimiento de pedúnculos y Períodos. Espolvorear con azufre para combatir el oídio, causa de manchas grises en las hojas.

CIPERO (*Cyperus alternifolius*)

Familia: Ciperáceas.

Origen: Madagascar.

Duración: Vivaz.

Características: Forma densas matas compuestas de tallos lisos rígidos de 50-60 cm de alto o más, terminando con una corona de hojitas lineales, caídas, coriáceas, sobre las que se yerguen pequeñas inflorescencias blanquecinas.

Época de floración: Continua.

Adaptación: Óptima.

Maceta: Muy pequeña.

Trasplante: De febrero a marzo.

Tierra: Corriente mezclada con turba y limo de río.

Exposición: Luminosa, pero a la sombra.

Temperatura: No inferior a los 10° C, ni muy elevada.

Humedad: Elevada.

Riegos: Constantes; tener permanentemente agua en el plato de la maceta.

Abonos: Mensuales.

Cuidados: Eliminar las hojas que se sequen.

Parásitos: Se desconocen.

Multiplicación: Por división de la mata o por estaca, en contacto con el agua. Se reproducen por semilla al aire libre.

Período de reposo: Invierno.

Nota: Planta acuática, apta para acuarios y lagos.

CISO (*Cissus antárctica*)

Familia: Vitáceas.

Origen; Australia.

Duración; Vivaz.

Características: Planta trepadora de ramas curvadas de gran desarrollo, numerosas hojas ovaladas, verdes, brillantes con reflejos metálicos, nervios oscuros y bordes dentados las hojas jóvenes tienen pedículos cubiertos de una vellosidad rojiza.

Época de floración: Verano; de flores insignificantes.

Adaptación: Bueno,

Maceta: Proporcionado a las dimensiones de la planta.

Trasplante: En primavera, se efectuará a largos intervalos aumentando poco a poco las dimensiones de la maceta.

Tierra: De jardín fértil.

Exposición: Fácil adaptación, aunque sea en sitios poco luminosos.

Temperatura: Preferentemente a 12-15° C; soporta mínimas de 8° C en invierno.

Humedad: Normal.

Riegos: Regulares; en invierno moderados en ambientes cálidos, y reducidísimos en lugares fríos.

Abonos: Quincenales en verano.

Cuidados: Evitar excesivos desarrollos.

Parásitos: Excepcionalmente es atacada por insectos y parásitos,

Multiplicación: Por estaca o acodo en otoño, y al aire libre.

Período de reposo: Invierno.

Notas: Utilizada ya sea como planta trepadora o rastrera; se cultivan diversas especies de ella en interiores, de hojas variadas en forma y matices.

CLIVIA (*Clivia miniata*)

Familia: Amarilidáceas.

Origen: África del Sur.

Duración: Vivaz.

Características: Planta caracterizada por dos series de hojas carnosas, cerosas, lineales y superpuestas. En el centro, se yergue un escapro mostrando en forma de parasol, flores acampanadas anaranjadas de un bello efecto.

Época de floración: Primavera-verano; en interiores la floración es irregular.

Adaptación: Buena.

Maceta: De dimensiones más bien grandes.

Trasplante: Cada 2-3 años después de la floración teniendo cuidado de no dañar las raíces carnosas, utilizando una maceta de dimensiones un poco superiores.

Tierra: Corriente y fértil con mantillo y arena.

Exposición: Sitio luminoso, pero no a pleno sol; en el Período de reposo en un lugar fresco.

Temperatura: Moderada; en verano 18-20° C; en invierno 10° C.

Humedad: Normal.

Riegos: Abundantes en el Período de crecimiento; moderados durante el reposo; soporta irrigaciones irregulares.

Abonos: En primavera, cada diez días.

Cuidados: Quitar las hojas caducadas.

Parásitos: Cochinillas y manchas en las hojas.

Multiplicación: Por división de mata al trasplantarla.

Período de reposo: Otoño,

Nota: Combatir las cochinillas con el Lebaycid, Paratión, Metasistox, etcétera y las manchas de las hojas, con espolvoreos de azufre.

CLOROFITO (*Chlorophytum elatum*)

Familia: Liliáceas.

Origen: África del Sur.

Duración: Vivaz.

Características: Planta herbácea formada por una mata de hojas lineales plegadas hacia tierra, y mostrando en la parte central un matiz mucho más claro. Rica en renuevos que salen después de la floración.

Época de floración: Primavera.

Adaptación: Óptima.

Chlorophytum comosum

Maceta. De medianas dimensiones.

Trasplante: Cada ano, renovando la tierra.

Exposición: Gran adaptación; en invierno en locales luminosos.

Temperatura: No demasiado alta en verano, siendo la mínima soportada en invierno 5-7° C.

Humedad: Normal.

Riegos: Soporta riegos irregulares.

Abonos: Cada 10 días en el Período vegetativo, y una vez al mes en invierno.

Cuidados: Eliminar las hojas a medida que mueren y secan.

Parásitos: Excepcionalmente es atacada por insectos y parásitos.

Multiplicación: Por renuevos y división de mata. Se reproduce por semilla en primavera.

Período de reposo: Invierno.

Nota: Indicada como planta de porte colgante.

COCOTERO (*Cocos nucifera*)

Familia: Palmáceas.

Origen: Archipiélago indio.

Duración: Vivaz.

Características: Palmácea de hojas vellosas muy pedunculadas, de un verde intenso; la planta en interiores es de modestas dimensiones (30-40 cm como máximo) pero muy decorativa.

Época de floración: No florecen en nuestro clima.

Adaptación: Discreta.

Maceta: De pequeñas dimensiones; no porosa.

Trasplanto: En verano.

Tierra: Corriente, con otra de castaño.

Exposición: Luminosa, pero con luz indirecta.

Temperatura: Elevada, no inferior a los 16-18° C.

Humedad: Elevada.

Riegos: Muy regulares y abundantes, manteniendo agua estancada en el plato.

Abonos: No son necesarios.

Cuidados: Eliminar las hojas secas.

Parásitos: Cochinillas y pudrimiento del tronco y resecamiento de las hojas.

Multiplicación: Imposible en interiores y difícil en invernadero, por reproducirse únicamente por semilla.

Período de reposo: Primavera.

Notas: Planta indicada para los invernaderos. Se combaten las cochinillas por medio de insecticidas sistémicos y se evita el pudrimiento del tronco y resecamiento de las hojas, suprimiendo los riegos.

CODIEO (*Codiaeum variegatum*)

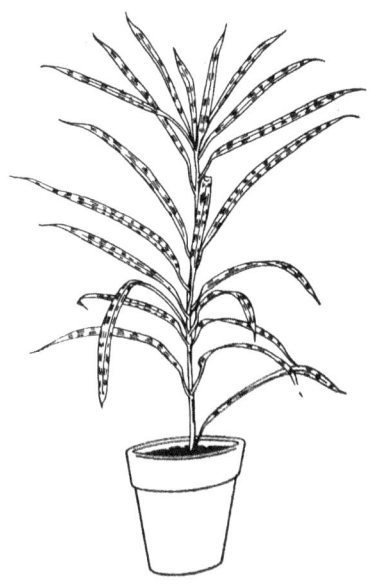

Familia: Euforbiáceas.

Origen: Malasia.

Duración: Vivaz.

Características: Planta de matorral de mediana altura, de hojas muy decorativas, consistentes y de matices vivaces – amarillo, verde y rojo – con distintas variantes.

Época de floración: Excepcionalmente florecen.

Adaptación: Escasa.

Maceta: Más bien grande.

Trasplante: A finales de invierno.

Tierra: Corriente, enriquecida con el mantillo de hojas o turba fibrosa.

Exposición: Luminosa, incluso a pleno sol.

Temperatura: Constante, no inferior a los 16-18° C, siendo la mínima soportada de 10-13° C.

Humedad: Elevada.

Riegos: Regulares, con agua tibia, evitando el exceso y mezquindad.

Abonos; Regulares y abundantes cada 15 días.

Cuidados: Evitar las corrientes de aire y las variaciones de temperatura; se puede desmochar para favorecer el crecimiento.

Parásitos: Cochinillas. Se combaten con insecticidas sistémicos.

Multiplicación: Por estaca, en invernadero, aunque imposible en interiores.

Período de reposo: Invierno.

Notas: Se cultivan diversas especies de hojas de forma muy distintas.

COLEOS (*Coleus. Varios especies*)

Familia: Labiadas.

Origen: Archipiélago indio.

Duración: Vivaz, aunque anual en cultivo de interiores.

Características: Pequeña planta de hojas cordiformes, dentadas y opuestas; follaje ligero ricamente matizado. Predominan los matices violeta, naranja y rojo.

Época de floración: De junio a octubre; insignificante.

Adaptación: Discreta.

Maceta: De pequeñas dimensiones.

Trasplante: En primavera en tierra compacta.

Tierra: Compuesta, fértil, con mezcla de arena.

Exposición: En invierno, en un lugar cálido y soleado protegido de las corrientes de aire; en verano, al aire libre en sitio luminoso.

Temperatura: Elevada, no inferior a los 16-18° C.

Humedad: Elevada, necesitando nebulosidades.

Riegos: Muy abundantes, aunque evitando los excesos.

Abonos: Semanales.

Cuidados: Mantenerla en un grado de calor y humedad sin cambios bruscos.

Parásitos: Nemátodos y cochinillas.

Multiplicación: Por esqueje en agosto. Se reproduce por semilla en febrero al aire libre.

Período de reposo: Invierno.

Nota: Los nemátodos se combaten aplicando Aldrin en las tierras, y las cochinillas, a base de insecticidas sistémicos.

COLUMNEA (*Columnea schiedeana*)

Familia: Gesneriáceas.

Origen: México.

Duración: Vivaz.

Características: Planta de naturaleza débil provista de largos tallos lignosos que presentan una sucesión ininterrumpida de hojas opuestas, sobre las cuales aparecen, en primavera – verano, pequeñas flores rojas en forma tubulosa.

Época de floración: De abril a octubre.

Adaptación: Modesta.

Maceta: De pequeñas dimensiones.

Trasplante: En febrero-marzo.

Tierra: A base de turba, arena y carbón.

Exposición: En locales cálidos y luminosos, aunque no expuesta directamente al sol.

Temperatura: Elevada y constante (20-25° C); mínima soportada es 16° C.

Humedad: Elevada.

Riegos: Copiosos a excepción del período de reposo.

Abonos: Cada 10 días, en el período vegetativo.

Cuidados: Mantenerla permanentemente a la sombra.

Parásitos: Excepcionalmente es atacada por insectos y parásitos.

Multiplicación: Por estaca, en invernadero, no aconsejable en interiores.

Período de reposo; Invierno.

Nota: Se adapta como planta colgante.

CORDILINE (*Cordyline terminalis*)

Familia: Liliáceas.

Origen: Nueva Zelanda.

Duración: Vivaz.

Características: Planta de porte erguido, de hojas pequeñas oblongas o lanceoladas, de matiz verde o rojo.

Época de floración: Rarísima en interiores y en nuestros climas.

Adaptación: Discreta.

Maceta: De medias dimensiones, proporcionadas a la planta.

Trasplante: En primavera, cada 2-3 años, procurando no dañar las raíces.

Tierra: Corriente, fértil, con mezcla de arena, turba y mantillo de hojas.

Exposición: En sitio luminoso y ventilado, pero no directamente al sol: durante el verano al aire libre, en sitio sombreado.

Temperatura: No inferior a los 10° C; en general, temperatura elevada alrededor de los 18-20° C.

Humedad: Elevada, especialmente durante el verano.

Riegos: Abundante con agua tibia, evitando se mantenga la tierra constantemente con excesiva humedad.

Abonos: Mensuales.

Cuidados: Lavado de las hojas y acodarla cuando el tallo ha perdido las hojas basales.

Parásitos: Excepcionalmente es atacada por insectos y parásitos.

Multiplicación: Imposible en interiores y fácil por estaquillas terminales, en invernadero entre diciembre-enero.

Período de reposo: Invierno,

Nota: Con frecuencia, se confunden con las draceanas, pero estas últimas tienen raíces de matiz amarillento.

CRASULA (*Crassula columnaris*)

Familia: Crasuláceas.

Origen: África del Sur.

Duración: Vivaz.

Características: Planta crasa de modestas dimensiones. de tallo erguido y hojas de matiz glauco, ligeramente carnosas y opuestas; flores con corimbos compactos.

Época de floración: Verano.

Adaptación: Buena

Maceta: De dimensiones modestas.

Trasplante: En primavera cada 3-4 años.

Tierra: Corriente con arena.

Exposición: Muy luminosa, en verano al aire libre en sitio sombreado.

Temperatura: En invierno, mantener la planta a 10° C.

Humedad: Reducida

Riegos: Modestos especialmente en invierno para las plantas sin flores; no dejar nunca la planta demasiado tiempo sin riego.

Abonos: De cuando en cuando, durante el verano.

Cuidados: Sacarlas al aire libre periódicamente.

Parásitos: Nemátodos, otiorrincos. pudrimiento del cuello de le raíz.

Multiplicación: Por esqueje, dejándola deshidratar 3 o 4 días.

Período de reposo: Al final de la floración.

Notas: Se cultivan diversas especies de hojas de forma distinta, con flores de color blanco y rojo. Los nemátodos se combaten inyectando Aldrin en la tierra y los otiorrincos con insecticidas sistémicos. La podredumbre del cuello de la raíz es causa del abuso de los riegos.

CRIPTANTO (*Cryptanthus fosterianus*)

Familia: Bromeliáceas,

Origen: Brasil.

Duración: Vivaz.

Características: Planta epífita enana, que forma un rosetón de hojas afiladas, coriáceas, onduladas, con bordes dentados y espinosos. Las hojas, de matiz verde o castaño, presentan estrías y bandas más oscuras y claras.

Época de floración: Rarísima en Interiores y en nuestros climas.

Cryptanthus bivvittatus

Adaptación: Buena.

Maceta: De pequeñas dimensiones.

Trasplante: En primavera.

Tierra: Mantillo de hojas, turba y arena.

Exposición: Luminosa, aunque con luz Indirecta; la planta se adapta también a ambientes escasos de luz.

Temperatura: Elevada, sin ser Inferior a los 16-18° C.

Humedad: Reducida,

Riegos: Moderados; el terreno nunca debe estar excesivamente húmedo; la planta soporta la sequía; en invierno muy poca agua.

Abonos: A largos intervalos.

Cuidados: Limpiar las hojas con paños húmedos.

Parásitos: Excepcionalmente es atacada por insectos y parásitos.

Multiplicación: Por renuevos en primavera.

Período de reposo: Invierno.

Nota: Se cultivan numerosas variedades en interiores, que difieren por el matiz y la forma de las hojas.

CROCUS (*Crocos chrysanthus*)

Familia: Iradáceas.

Origen: Cuenca del Mediterráneo.

Duración: Vivaz; frecuentemente anual en interiores.

Características: Bulbosa, de modestas dimensiones, de flores acampanadas de distinto color.

Época de floración: De febrero a marzo.

Adaptación: Discreta.

Maceta: De dimensiones reducidas.

Trasplante: Al final de la floración limpiar y dividir los bulbos y dejarlos secar y conservar en lugar fresco; volver a plantarlos en septiembre-octubre.

Tierra: Ligera, blanda y especialmente arenosa.

Exposición: Luminosa para obtener flores de colores vivos.

Temperatura: Alrededor de los 12-15° C, en el período de floración.

Humedad: Normal.

Riegos: Regulares en el período de floración.

Abonos: Semanales si se quieren multiplicar los bulbos.

Cuidados: Los bulbos deben someterse a un período de reposo y de frío, para poder reanudar el período vegetativo.

Parásitos: Excepcionalmente es atacada por insectos y parásitos.

Multiplicación: Por medio de los bulbos.

Período de reposo: De junio a enero.

Notas: Para el forzamiento de la floración invernal, estratificar los bulbos con arena en octubre, trasladándolos a un lugar fresco y oscuro a primeros de diciembre; llevarlos después a la luz y al calor (10° C).

CHAMEDOREA (*Chamaedorea elegans*)

Familia: Palmáceas.

Origen: México.

Duración: Vivaz.

Características: Palmácea pequeña, con un número reducido de hojas vellosas, de forma lanceolada, ligeras, de matiz verde oscuro, de folíolos largos en la base y más cortos en la punta.

Época de floración: Junio.

Adaptación: Buena.

Maceta: De dimensiones medias; profunda.

Trasplante: Cada dos años, sin dañar las raíces.

Tierra: Corriente, con turba, mantillo y arena.

Exposición: Poco luminosa.

Temperatura: No muy elevada pero constante; en invierno no debe ser inferior a 10-12° C.

Humedad: Puede vivir también, en ambiente seco.

Riegos: Numerosos y regulares en verano, y moderados en invierno.

Abonos: Mensuales.

Cuidados: Eliminar las hojas secas.

Parásitos: Cochinillas y resecamiento de las hojas.

Multiplicación: Por semilla; imposible en interiores y fácil al aire libre.

Período de reposo: Invierno.

Nota: Se combaten las cochinillas causantes del resecamiento de las hojas, con insecticidas sistémicos.

CHAMEROP (*Chamaerops humilis*)

Familia: Palmáceas.

Origen: Cuenca mediterránea.

Duración: Vivaz.

Características: Arbusto de modestas dimensiones de hojas formadas por un largo pedículo con segmentos lanceolados unidos a la base; el tallo está cubierto de fibras: los pedículos son dentados en los bordes.

Época de floración: Junio.

Adaptación: Buena.

Maceta: De medianas dimensiones.

Trasplante: En verano en una maceta un poco mayor que la anterior.

Tierra: Corriente y arenosa.

Exposición: Luminosa, y en verano, al aire libre.

Temperatura: No muy elevada en invierno, soportando temperaturas un poco superiores a los 0° C.

Humedad: Normal.

Riegos: Numerosos en verano y moderados en invierno; soporta la sequía.

Abonos: Mensuales.

Cuidados: Eliminar las hojas secas.

Parásitos: Cochinillas, resecamiento de las hojas y araña roja.

Multiplicación: Por renuevos. Se reproduce por semilla, al aire libre.

Período de reposo: Invierno.

Nota: Las cochinillas se combaten con Lebaycid, Metasistox, etcétera y la araña roja, con Cloroben-side

DIEFENBAQUIA (*Dieffenbachia picta*)

Familia: Aráceas.

Origen: América del Sur.

Duración: Vivaz.

Características: Planta de notable envergadura de hojas dotadas de un largo pecíolo, grandes, oblongas, extendidas y de matiz verde manchadas de amarillo. Las hojas se enlazan una tras otra sobre un tallo simple y carnoso.

Época de floración: No florece en nuestro clima.

Adaptación: Discreta.

Maceta: De dimensiones proporción nadas a la planta.

Trasplante: Cada 2-3 años en primavera, con buen drenaje.

Tierra: En partes iguales de limo de río, mantillo de hojas y de castaño mezcladas con arena.

Exposición: En lugar luminoso, y a la sombra; evitar las corrientes de aire.

Temperatura: Mínima 12-13° C; temperatura ideal 17° C.

Humedad: Elevada con nebulosidades.

Riegos: Abundantes en verano, moderados en invierno, y siempre con agua tibia.

Período de reposo: Invierno.

Abonos: Mensuales en verano.

Parásitos: Pudrimiento del cuello de la raíz y desecamiento de las hojas.

Cuidados: Limpiar las hojas con paños suaves húmedos.

Multiplicación: Imposible en interiores.

Notas: Se cultivan en interiores diversas especies, con hojas más o menos matizadas. Regular los riegos en evitación del pudrimiento del cuello de la raíz, y espolvorear con azufre.

DIZYGOTECA (*Dizygotheca elegantissima*)

Familia: Araliáceas.

Origen: Nuevas Hébridas.

Duración: Vivaz.

Características: Bellísima planta de tallo leñoso mostrando, sobre un largo pecíolo, hojas ligeramente digitadas, compuestas por una decena de hojitas, filiformes, onduladas en los bordes, pendulantes y de matiz rojizo metálico.

Época de floración: Rarísimamente, florecen en nuestros climas.

Adaptación: Modesta.

Maceta: En proporción a la altura de la planta.

Trasplante: De febrero a marzo.

Tierra: Compuesta, mezclada con arena y carbón.

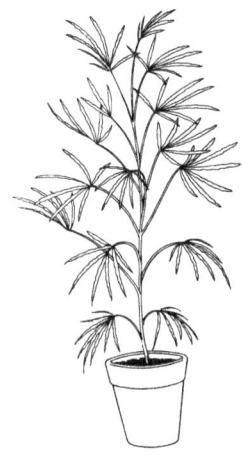

Dizygotheca elegans

Exposición: En un lugar muy luminoso, con luz indirecta; evitar las corrientes de aire.

Temperatura: Elevada; no soporta temperaturas inferiores a 15-16° C.

Humedad: Acentuada.

Riegos: Regulares y abundantes en el Período vegetativo; moderados con temperaturas bajas después.

Abonos: Mensuales.

Cuidados: Nebulosidades frecuentes, y limpieza de las hojas.

Parásitos: Cochinilla y araña roja.

Multiplicación: Por estaca muy difícil en invernadero e imposible en interiores.

Período de reposo: Invierno.

Nota: Se combaten las cochinillas con Lebaycid, Paration, Metasistox, etc. y la araña roja, con Tedión o Kelthane.

DRACENA (*Dracaena deremensis*)

Familia: Liliáceas.

Origen: África tropical.

Duración: Vivaz

Características: Planta erguida ramificada, mostrando hojas lineales, consistentes, de matiz verde claro y atravesadas por una banda clara central.

Las hojas de porte caído se unen densamente al tallo; el crecimiento es muy lento.

Época de floración: Primavera – verano.

Adaptación: Buena.

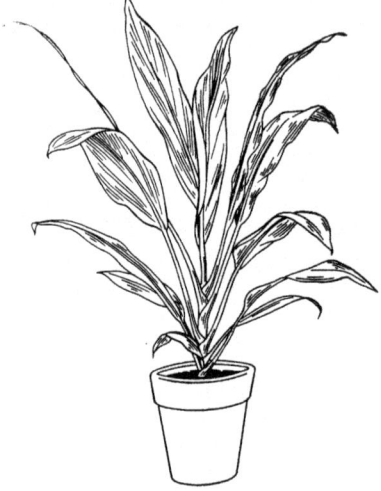

Dracaena tricolor

Maceta: De dimensiones modestas, en proporción a la planta.

Trasplante: En mayo, en una maceta poco mayor que la anterior.

Tierra: Corriente. mezclada con turba y arena.

Exposición: En sitio luminoso, y a la sombra.

Temperatura: Un poco elevada, y no excesiva; temperatura mínima soportada, 10° C.

Humedad: Elevada.

Riegos: Regulares y abundantes en verano, y más moderados en invierno.

Abonos: Mensuales.

Cuidados.: Lavar las hojas con paños húmedos, evitar los cambios bruscos de temperatura.

Parásitos: Cochinillas, desecamiento de las hojas y ataque del thrips.

Multiplicación: No aconsejable en interiores: por estaca y acodo cuando ha perdido las hojas básales. Difícil también en invernadero.

Período de reposo: Invierno.

Notas: Se cultivan algunas especies como la *fragrans*, de hojas más amplias y los colores invertidos o bien la *terminalis tricolor* de hojas matizadas. Las cochinillas y los thrips se combaten con insecticidas sistémicos, causantes todos del desecamiento de las hojas.

DRACENA SANDERIANA
(*Dracaena sanderiana*)

Familia: Liliáceas.

Origen: África del Sur.

Duración: Vivaz.

Características: Planta de naturaleza débil de hojas envainadas, lanceoladas, levemente onduladas. De bordes blancos y la parte central verde claro.

Época de floración: Excepcionalmente florece.

Adaptación: Discreta.

Maceta: De modestas dimensiones.

Trasplante: En primavera.

Tierra: Corriente, mezclada con turba y arena.

Exposición: Luminosa y a la sombra.

Temperatura: Un poco elevada, siendo la mínima soportada de 10° C.

Humedad: Elevada.

Riegos: Frecuentes y abundantes en el período vegetativo, y más moderados en el invierno.

Abonos: Mensuales.

Cuidados: Lavar las hojas.

Parásitos: Manchas de las hojas y ataque del thrips.

Multiplicación: No aconsejable en interiores, pero sí en invernaderos.

Período de reposo: Invierno.

Nota: Las manchas en las hojas se combaten con espolvorees de azufre y los thrips, con insecticidas sistémicos.

ECINDAPSO (*Scindapsus aureus*)

Familia: Aráceas.

Origen: Indonesia.

Duración: Vivaz.

Características: Planta trepadora o porte colgante da hojas cordiformes, matizadas de blanco y de rápido crecimiento.

Época de floración: Primavera-verano

Adaptación: Buena.

Maceta: De modestas dimensiones.

Trasplante: Todos los años en primavera, en una maceta ligeramente mayor que la anterior.

Tierra: Mantillo de hojas y tierra de castaño.

Exposición: Luminosa, pero no al sol.

Temperatura: Adaptable, siendo la óptima 18° C; mínima soportada 10° C.

Humedad: Elevada.

Riegos: Regularos; la tierra debe mantenerse húmeda y sin excesos.

Abonos: Cada 15 días.

Cuidados; Lavar las hojas.

Parasito»: Desecamiento de las hojas.

Multiplicación: Por estaca, al aire libre y en otoño.

Período de reposo: Invierno,

Notas: Planta muy indicada para el cultivo hidropónico. Se evita el desecamiento de hojas espolvoreando la planta con azufre.

ECHEVERIA (*Echeveria agravoides*)

Familia: Crasuláceas.

Origen: México.

Duración: Vivaz.

Características: Planta acaule de follaje carnoso en forma de rosetón, ovalado, de matiz grisáceo, terminando en punta rojiza. En las plantas adultas se forma un tallo que da flores rojizas.

Época de floración: Marzo-junio.

Adaptación: Discreta.

Maceta: De medianas dimensiones.

Trasplante: Cada 2-3 años a la reanudación vegetativa, en macetas de pequeñas dimensiones.

Tierra: Muy permeable y arenosa, con abundante drenaje.

Exposición: En lugar luminoso y ventilado, incluso al sol; en verano, al aire libre.

Temperatura: En el Período de floración 10-18° C; para plantas jóvenes, temperatura inferior.

Humedad: Reducida.

Riegos: Normales en verano; moderados después de la floración; soporta la sequía.

Abonos: En verano una vez al mes, hasta la floración.

Cuidados: Regular los riegos.

Parásitos: Pudrimiento del cuello de la raíz, otiorrinco y pulgón.

Multiplicación: Por esquejes terminales y por renuevos al aire libre.

Período de reposo: Después de la floración, durante 2-3 meses.

Notas: Se cultivan numerosas especies, de hojas de dimensiones y matices diversos. Se evita el pudrimiento de la raíz suprimiendo los riegos, y los insectos a base de Insecticidas sistémicos.

ELXINE (*Helxine solierolii*)

Familia: Urticáceas.

Origen: Cerdeña.

Duración: Vivaz.

Características: Planta herbácea de porte rastrero, monoica, de pequeñísimas dimensiones, de hojas redondeadas y matiz verde claro.

Época de floración: Continua, pero insignificante.

Adaptación: Discreta.

Maceta: No muy grande, ancha y plana.

Trasplante: En cualquier época, cuando las raíces han rellenado la maceta.

Tierra: Compuesta aligerada con arena.

Exposición: Gran adaptación, pero no a pleno sol: en verano al aire libre.

Temperatura: Adaptable; en invierno en lugares no excesivamente calientes.

Humedad: Elevada.

Riegos: Muy abundantes, continuos; mantener el plato con agua.

Abonos: Cada 15 días.

Cuidados: Los normales de toda planta.

Parásitos: Se desconocen ataques de insectos y parásitos.

Multiplicación: Por división de meta en primavera.

Período de reposo: Invierno.

Nota: Propia también para rocallas.

EPIFILO (*Epiphyllum phyllocactus o zygocactus*)

Familia: Cactáceas,

Origen: América Central y Meridional.

Duración: Vivaces.

Características: Los tallos, numerosos y trepadores, están confundidos tomando el aspecto de hojas. En los bordes, hay abundantes aureolan con espinas; muchas variedades dan grandes florea decorativas.

Época de floración: Diciembre-marzo.

Adaptación: Buena.

Maceta: De dimensiones notables en proporción a la planta.

Trasplante: Cada 2-3 años, después de la floración.

Tierra: De castaño o mantillo de hojas aligerada con arena y abundante drenaje.

Exposición: Luminosa y ventilada, aunque no soporta el sol directo del mediodía; en verano al aire libre.

Temperatura: De exigencias medias; no inferior a los 10° C, en el Período de la floración y del reposo.

Humedad: Normal.

Riegos: Regulares durante el Período vegetativo; moderados durante la floración, y muy reducidos en el Período de reposo.

Abonos: 2-3 Veces, en el Período anterior a la floración.

Cuidados: Lavado de las hojas,

Parásitos: Cochinillas.

Multiplicación: Por esqueje o tallo, que se entierra en terreno ligero, después de haber dejado cicatrizar la base del corte.

Período de reposo: Después de la floración, durante un par de meses.

Notas: No trasplantar la planta en el Período en que aparecen los botoncitos florales o está florecida. Combatir las cochinillas con Lebaycid, Metasistox, etc.

EPISCIA (*Episcia cupreata*)

Familia: Gesneriáceas.

Origen: América Central.

Duración: Vivaz.

Características: Planta combada de hojas opuestas, elípticas, decorativas, vellosas, de matiz verde o rojo oscuro, que se muestran sostenidas con pecíolos rojizos, flores rojas.

Época de floración: Indeterminada.

Adaptación: Modesta.

Maceta: De pequeñas dimensiones.

Trasplante: En primavera.

Tierra: De turba, tierra de castaño y mantillo de hojas.

Exposición: En locales de luz indirecta, medianamente luminosos.

Temperatura: Elevada, no inferior a los 16-18° C.

Humedad: Muy elevada.

Riegos: Regulares.

Abonos: Mensuales.

Cuidados: No mojar las hojas con él riego y limpiarlas con un paño mojado.

Parásitos: Se desconocen.

Multiplicación: Por estaca o por división, al aire libre, no aconsejable en interiores.

Período de reposo: Invierno.

Nota: Se cultivan varias especies *estoloniferas*, todas de escasa adaptación en interiores.

EPTERIDE (*Pteris crética*)

Familia: Polipodiáceas.

Origen: Selvática en muchos países.

Duración: Vivaz.

Características: Planta de matorral de ramas de modesto desarrollo; de frondas verdes dentadas, cuyo tamaño disminuye regularmente hacia los extremos.

Época de floración: Primavera, pero insignificante.

Adaptación: Escasa.

Maceta: De medianas dimensiones.

Trasplante: En la estación cálida.

Tierra: De castaño y arena.

Exposición: Nunca directamente al sol: exposición moderadamente luminosa.

Temperatura: De exigencias intermedias; temperatura mínima.

Humedad: Muy elevada.

Riegos: Frecuentes y abundantes, con inmersión en agua de la maceta cada 2-3 días; mantener constantemente húmeda la tierra.

Abonos: Químicos y ácidos.

Cuidados: Nebulosidades frecuentes; no soporta las corrientes de aire.

Parásitos: Manchas de las frondas.

Multiplicación: Por división de mata; imposible en interiores.

Período de reposo: Invierno.

Notas. Se cultivan numerosas variedades; sobre el envés de las frondas aparecen cuerpos de matiz castaño (los soros), órganos de reproducción; contra las manchas, espolvorear con azufre.

ESCLUMBERGERA (*Schlumbergera russeliana*)

Familia: Cactáceas.

Origen: Brasil.

Duración: Vivaz.

Características: Planta crasa formando una notable mata, de tallos planos semejantes a hojas vellosos, que se cubren de flores purpúreas de gran efecto.

Época de floración: Enero-febrero.

Adaptación: Buena.

Maceta. De medianas dimensiones, proporcionada a las de la planta.

Trasplante: Julio.

Tierra: Mantillo de hojas y arena, bien drenada.

Exposición: Luminosa, con luz indirecta en locales ventilados.

Temperatura: Elevada, no inferior a los 12º C en invierno.

Humedad: Reducida.

Riegos: Regulares, pero moderados en el período de la floración; muy reducidos en el de reposo.

Abonos: 2-3 veces en el período anterior a la floración.

Cuidados: Limpieza de las hojas.

Parásitos: Cochinillas.

Multiplicación: Por estaca, en agosto, previa la cicatrización da la herida y al aire libre.

Período de reposo: Después de la floración.

Nota: No trasplantar la planta durante el período de florecimiento. Se combaten las cochinillas con Lebaycid, Metasistox, Rogor. etc.

ESPARMANIA (*Sparmannia Africana*)

Familia: Tiliáceas.

Origen: África del Sur.

Duración: Vivaz.

Características: Arbusto de gran desarrollo, ramificado, de hojas cordiformes y voluminosas, flores blancas reunidas en umbela, y estambres coloreados.

Época de floración: Al comienzo de la primavera.

Adaptación: Buena,

Maceta: De dimensiones notables.

Trasplante: Todos los años en primavera, seguido de intensa poda.

Tierra: Compuesta y fértil con arena y mantillo.

Exposición: Al aire y a la luz, pero no al sol, así también al aire libre, protegida del viento,

Temperatura: Moderada, alrededor de los 13° C, y constante.

Humedad: Elevada.

Riegos: Copiosos en verano: en invierno, mantener ligeramente húmedo el terreno.

Abonos: En verano, cada 10 días.

Cuidados: Hacer una intensa poda, después de la floración.

Parásitos: Se desconoce todo ataque o invasión,

Multiplicación: Por esquejes, en primavera, al aire libre.

Período de reposo: Invierno,

Nota: Pierde las hojas si la temperatura o la humedad del aire o de la tierra experimentan variaciones.

ESPARRAGO (*Asparagus sprengeri y plumosus*)

Familia: Liliáceas.

Origen: África del Sur.

Duración: Vivaz.

Características: Pequeña planta con largas ramas de porte trepador mostrando agujas lucientes, o ramas erguidas con hojas filiformes ligeramente plumosas.

Época de floración: Flores de varias clases, en verano.

Adaptación: Buena.

Maceta: De pequeñas dimensiones.

Trasplante: En primavera, con reducción de las raíces, empleando una maceta ligeramente mayor.

Tierra: Corriente, enriquecida con arena y mantillo.

Exposición: Luminosa, aunque no al sol directo; en verano, también al aire libre, en un lugar semi-sombreado.

Temperatura: Variable, siendo de 10º C, en invierno.

Humedad: Más bien elevada.

Riegos: Copiosos en verano, y más moderados en invierno, manteniendo la tierra regularmente húmeda.

Abonos: Cada 15 días en verano.

Cuidados: Destruir los bulbos del «*Sprengeri*» una vez al año.

Parásitos: Pudrimiento del cuello de la raíz, pulgones, araña roja.

Multiplicación: Por división de la mata o por semillas.

Período de reposo: Invierno.

Notas: Regular los riegos en evitación del pudrimiento del cuello de la raíz. Combatir los pulgones con Malation y la araña roja con Kelthane.

ESPATIFILO (*Spathiphyllum wallisii*)

Familia: Aráceas.

Origen: América del Sur.

Duración: Vivaz.

Características: Planta herbácea rizomatosa, de hojas lanceoladas, de matiz verde oscuro, sobre las cuales emergen inflorescencias de tonalidad blanca, de larga duración.

Época de floración: Prácticamente todo el año.

Adaptación: Buena.

Maceta: De medianas dimensiones.

Trasplante: Cuando la maceta resulta pequeña.

Tierra: De castaño y mantillo de hojas.

Exposición: Luminosa, pero no directamente al sol.

Temperatura: Constante durante todo el año, entre los 15-18° C; mínima soportada, 10-13° C.

Humedad: Normal.

Riegos: Regulares y abundantes en verano, sin dejar secar el terreno; moderados en invierno.

Abonos: Muy frecuentes.

Cuidados: Los regulares a toda planta.

Parásitos: Araña roja.

Multiplicación: Por división de mata a aire libre y en contacto con el agua.

Período de reposo: Invierno.

Nota: La araña roja se combate con Clorobenside, Tedión o Kelthane.

EUFORBIA (*Euphorbia canariensis*)

Familia: Euforbiáceas.

Origen: Canarias.

Duración: Vivaz.

Características: Planta de tallo cuadrangular de notables dimensiones, con frecuencia ramificado, adornado de espinas en los vértices, reunidos de dos en dos. Las hojas pequeñas e insignificantes, sólo aparecen en su extremo superior. El desarrollo es muy lento.

Época de Floración: Nula.

Adaptación: Discreta o buena.

Maceta: De dimensiones un poco reducidas.

Trasplante: De difícil ejecución, no romper las raíces.

Tierra: Compuesta con buen drenaje.

Exposición: Muy luminosa, aunque es preferible mantener a la sombra.

Temperatura: Un poco elevada, no debería bajar de los 10° C.

Humedad: Reducida.

Riegos: Moderados, especialmente en invierno; soporta la sequía.

Abonos: Ocasionales.

Cuidados: Pasar una esponja húmeda para limpiar el tallo.

Parásitos: Cochinillas, secamiento de tallo, bacteriosis del cuello de la raíz.

Multiplicación: Por esqueje o estaca al aire libre en verano; no aconsejable en interiores.

Período de reposo: Invierno.

Nota: Se cultivan otras especies que difieren en su apariencia. El látex que desprende en el corte es cáustico. Se combaten las cochinillas a base de insecticidas sistémicos y las bacterias que atacan el cuello de la raíz, con criptogamicidas.

EUFORBIA ESPINOSA (*Euphorbia splendens*)

Familia: Euforbiáceas.

Origen: Madagascar.

Duración: Vivaz.

Características: Planta de pequeño desarrollo de tallos cuadrangulares, provista de muchas espinas y hojitas de matiz verde brillante y ovaladas; presenta flores pequeñas de color rojo resplandeciente, reunidas en grupos de cuatro formando umbela.

Época de floración: Invierno.

Adaptación: Discreta o buena.

Maceta: De dimensiones reducidas.

Trasplante: Cada 3-4 años al final del período de reposo.

Tierra: Compuesta con buen drenaje.

Exposición: En ambientes luminosos y ventilados, siendo preferible mantenerla a la sombra.

Temperatura: Ligeramente elevada, procurando no sea inferior a los 10° C.

Humedad: Reducida.

Riegos: Abundantes, exceptuando el período de reposo; soporta también la sequía.

Abonos: Cuatrienales, hasta la floración.

Cuidados: Periódicamente sacarla al exterior.

Parásitos: Se desconocen.

Multiplicación: Por estaca en primavera, dejando secar la herida y plantándola en arena; de muy difícil arraigo, en invernadero.

Período de reposo: Después de la floración, durante 2-3 meses.

Nota: Sólo florece expuesta a plena luz

FATSEDERA (*Fatshedera lizei*)

Familia: Araliáceas.

Origen: Híbrido-hortícola (*fatsia* + *hedera*).

Duración: Vivaz.

Características: Planta de tallos volubles, que deben ser sostenidos, hojas semejantes a las de la fatsia con 5 lóbulos, pero más pequeñas y de un matiz verde oscuro,

Época de floración: Insignificante, en primavera.

Adaptación: Óptima.

Maceta: Proporcionada a las dimensiones de la planta.

Trasplante: En primavera.

Tierra: Corriente, reblandecida con arena.

Exposición: Luminosa, y a la sombra; se adapta también en exposiciones más o menos sombreadas; en verano al aire libre y en sitios resguardados.

Temperatura: Gran adaptación; en invierno en ambientes no demasiado cálidos (6-7° C).

Humedad: Normal.

Riegos: Abundantes en verano y más moderados en invierno.

Abonos: En el período vegetativo, cada 10 días.

Cuidados: Lavado frecuente de las hojas.

Parásitos: Cochinillas, desecamiento de las hojas, araña roja.

Multiplicación: Por acodo o estaca con vegetación joven.

Período de reposo: Invierno.

Notas: En verano, es fácil el fenómeno del goteo (de las hojas manan gotitas de linfa). Se combaten las cochinillas con insecticidas sistémicos y la araña roja causante del desecamiento de las hojas, con Clorobenside, Tedión, Kelthane.

FICUS (*Ficuss lyrata*)

INSERTAR graf p 97

Familia: Moráceas.

Origen: China, Tonkin.

Duración: Vivaz.

Características: Planta erguida de hojas amplias, coriáceas, ovaladas, onduladas, de matiz claro. Los nervios son prominentes y de matiz más claro.

Época de floración: Nula.

Adaptación: Buena.

Maceta: Proporcionada a la altura de la planta.

Trasplante: En primavera, cada 2-3 años, en macetas de dimensiones apenas superiores.

Tierra: Corriente con mezcla de turba y estiércol consumido.

Exposición: En locales luminosos y ventilados.

Temperatura: Ligeramente elevada, siendo la mínima soportada 10° C.

Humedad: Ligeramente acentuada.

Riegos: Abundantes en verano, y moderados en invierno.

Abonos: Cada 10 días, en el período vegetativo.

Cuidados: Repetidos lavados de las hojas; no tenerla cercana a corrientes de aire calurosas.

Parásitos: Cochinillas, manchas de las hojas.

Multiplicación: Por acodo aéreo o terminal, al aíre libre en verano.

Período de reposo: Invierno.

Notas: Si las nuevas hojas son de pequeñas dimensiones, aumentar el suministro de abonos. Se combaten la cochinilla y manchas de las hojas, igual que la anterior.

FICUS «ARBOL DE LA GOMA» (*Ficus elástica)*

Familia: Moráceas.

Origen: Asia tropical.

Duración: Vivaz.

Características: Planta erguida, de follaje verde brillante, coriáceo, alcanzando una altura que va desde los 30-40 cm hasta los 2 metros y raramente ramificada; la hoja nueva está envuelta por una espata roja en posición apical.

Época de floración: Nula.

Adaptación: Buena.

Maceta: De barro, proporcionada a la altura de la planta.

Trasplante: Anual, en primavera.

Tierra: Normal de jardín fértil, mezclándole 1/3 de estiércol deshecho y turba.

Exposición: En locales luminosos y ventilados; en verano también al aire libre, en sitios semi-sombreados.

Temperatura: Gran adaptación, siendo la mínima soportada de 8-10° C.

Humedad: Ligeramente elevada; tierra regularmente húmeda.

Riegos: Copiosos en verano, y moderados en invierno (cada 2-3 días).

Abonos: Cada 10 días, en el período de formación de nuevas hojas.

Cuidados: Limpieza repetida de las hojas; evitar el exceso de calor.

Parásitos: Cochinillas, manchas de las hojas.

Multiplicación: Por acodo aéreo durante dos meses o tallo terminal al aire libre en verano.

Período de reposo: Con temperaturas aptas, invierno.

Notas: Numerosas especies (*decora*, *bélgica*, *rubra*, *variegata*) con hojas más o menos amplias, matizadas de amarillo; se cultivan en interiores. Se combaten las cochinillas con Lebaycid, Metasitox, Rogor, etc. y las manchas de las hojas frotándolas con una esponja impregnada de 2 por 100 de alcohol y el resto agua.

FICUS TREPADOR (*Ficus pumila repens*)

Familia: Moráceas.

Origen: Japón y Australia.

Duración: Vivaz.

Características: Planta trepadora o de porte colgante, de hojas pequeñas, ovaladas, de matiz verde escuro, que se apretujan densamente sobre el tallo.

Época de floración: Nula.

Adaptación: Buena.

Maceta: No excesivamente grande.

Trasplante: En primavera.

Tierra.: Corriente aligerada con arena y turba.

Exposición: En sitios de sombra, rehúye el sol.

Temperatura: Adaptable, aunque evitando las corrientes de aire; mínima soportada 8-10° C.

Riegos: Frecuentes; la tierra debe mantenerse constantemente húmeda.

Abonos: Mensuales.

Cuidados: Practicar nebulosidades

Parásitos: Ataque da cochinillas.

Multiplicación: Por estaca terminal al aire libre en verano.

Período de reposo: Invierno.

Nota: Las ramas echan muchas raíces que se agarran con facilidad, por lo cual la planta se fija por si sola a los muros. Se combaten las cochinillas igual que las anteriores.

FILODENDRO (*Philodendron elegans*)

Familia: Aráceas.

Origen: América tropical.

Duración: Vivaz.

Características: Planta de notable desarrollo, de tallo trepador provisto de muchas raíces aéreas adventicias, grandes hojas cordiformes, sagitadas o lobuladas, presentando a menudo un sobresaliente *heterofilio*, de matiz verde, aunque tendiendo al metálico.

Época de floración: Rara en interiores y difícil en nuestros climas.

Adaptación: Buena.

Maceta: Bastante grande.

Trasplante: Cada 2-3 años.

Philodendron andreanum

Tierra: 2 partes de mantillo de hojas, I parte de estiércol consumido, 2 partes de limo de rio y 1 parte de arena.

Exposición: Luminosa, pero no al sol.

Temperatura; Mas bien elevada; mínima soportada 10º C.

Humedad: Acentuada

Riegos: Regulares y abundantes, sin excesos.

Abonos: Cada 15 días.

Cuidados: No mover la planta y no dañar las raíces adventicias; tener húmedo el musgo que recubre el tutor de sostén; limpiar las hojas con paños húmedos.

Parásitos: Desecamiento de las hojas.

Multiplicación: Por estaca, en invernadero, pero imposible en interiores, por acodo cuando la planta se deshoja en la base.

Período de reposo: Invierno.

Nota: Se cultivan numerosas variedades, especialmente con hojas de diferente forma, enteras o recortadas: *hastatum, andreanum, erubescens, laciniatum*. El desecamiento de las hojas es causa del ataque de varias cochinillas, las que deben combatirse con Lebaycid, Rogor, Metasistox, etc.

FILODENDRO (*Phylodendron scandens*)

Familia: Aráceas.

Origen: América tropical.

Duración: Vivaz.

Características: Pequeña planta herbácea de tallos trepadores ramificados y hojas cordiformes, verdes, brillantes y pequeñas.

Época de floración: No florecen en nuestros climas.

Adaptación: Buena.

Maceta: De pequeñas dimensiones.

Trasplante: En primavera, en macetas no excesivamente grandes.

Tierra: Mantillo de hojas, o de castaño.

Exposición: Luminosa, pero no al sol; se adaptan también en la sombra y poca luz.

Temperatura: Adaptable; mínima soportada 10° C.

Philodendron corsinianum

Humedad: Elevada.

Riegos: Regulares.

Abonos: Cada 15 días.

Cuidados: Lavar las hojas.

Parásitos: Desecamiento de las hojas.

Multiplicación: Por estacas terminales al aire libre en verano y por acodo. Se reproduce en invernadero con semillas importadas.

Período de reposo: Invierno.

Notas: No abusar de los riegos en invierno. El desecamiento de las hojas es debido al ataque de insectos, cochinillas, que se combaten con Lebaycid, Rogor, Metasistox, etc.

FITONIA (*Fittonia verschaffelii*)

Familia: Acantáceas

Origen: Brasil

Duración: Vivaz.

Características: Planta rastrera herbácea. de hojas grandes, ovaladas. con nerviaciones blancas o rosadas que resaltan sobre el limbo carnoso, de matiz verde oliva.

Época de floración: Rara en interiores.

Adaptación: Modesta.

Maceta: De relativas dimensiones.

Tierra: De castaño, turba y arena.

Trasplante: En primavera.

Exposición: Luz difusa, nunca al sol directo: se adapta también a la sombra.

Temperatura: Acentuada, no inferior a los 16-18º C.

Humedad: Muy elevada, con nebulosidades

Riegos: Regulares; la tierra nunca deberá desecarse.

Abonos: Mensuales.

Cuidados: Sacarla periódicamente al exterior.

Parásitos: Se desconoce todo ataque.

Período de reposo: Invierno.

Multiplicación: Por estaca, entre enero-febrero, en invernadero, pero difícil en interiores.

Nota: No abusar de los riegos.

«FLOR DE NAVIDAD» PONSETIA (*Euphorbia pulcherrima*)

Familia: Euforbiáceas.

Origen: América Central.

Duración: Vivaz.

Características: Planta muy decorativa, de tallo erguido, hojas ovaladas de matiz verde oscuro, flores en forma de parasol rodeadas de brácteas lanceoladas rojas.

Época de floración: Diciembre-enero.

Adaptación: Discreta.

Maceta: De dimensiones preferible mente reducidas.

Trasplante: En el período de reposo, haciendo rigurosas podas.

Tierra: Compuesta y arena.

Exposición: En locales luminosos y ventilados; en verano, al aire libre.

Temperatura: Bastante elevada, en pleno día y con temperatura nocturna inferior a los 16° C en el período de finales de septiembre, al iniciarse la floración.

Humedad: Normal.

Riegos: Mantener el terreno húmedo, salvo en el período de reposo.

Abonos: Cada 10 días, en el período anterior a la floración.

Cuidados: No soporta mucho tiempo en interiores.

Parásitos: Pudrimiento del tronco, enmohecimiento, cochinillas.

Multiplicación: Por estaca al aire libre en verano, pero imposible en interiores.

Período de reposo: Después de la floración, durante 1-2 meses.

Notas: Son más apreciadas las plantas de altura reducida. Reducir los riegos en invierno al mínimo, en evitación del pudrimiento del tronco, y combatir la cochinilla a base de insecticidas sistémicos.

FORTUNELLA
(*Furtunella margarita, Nagami kumquat*)

Familia: Rutáceas.

Origen: Extremo Oriente.

Duración: Vivaz.

Características: Arbusto de limitado desarrollo, de hojas persistentes, ovaladas, pequeñas, de matiz verde oscuro. Ofrece muchas flores blancas en invierno y frutos ovales comestibles, de color anaranjado.

Época de floración: Verano.

Adaptación: Buena.

Maceta: De grandes dimensiones.

Trasplante: En primavera, cada 3-4 años.

Tierra: Corriente de jardín.

Exposición: En lugares luminosos y ventilados; en verano al aire libre.

Temperatura: No demasiado elevada; en invierno en invernadero a una temperatura ligeramente superior a los 0° C.

Humedad: Normal.

Riegos: Regulares; rehúye el exceso de agua.

Abonos: Cada mes, en dosis muy reducidas.

Cuidados: Sacarla al exterior periódicamente.

Parásitos: Cochinillas.

Multiplicación: Por injerto, sobre el «*Poncirus trifoliada*».

Período de reposo: invierno.

Notas: Los frutos, de sabor aromática muy agradable, se encuentran en el comercio; planta común en la Riviera ligur. Las cochinillas se combaten, a base de aceites blancos y Paratión.

FUCSIA (*Fuchsia magellanica*)

Familia: Onagráceas.

Origen: América Central.

Duración: Vivaz.

Características: Pequeño arbusto ramificada de flores colgantes de color rojo vivo.

Época de floración: De mayo a octubre.

Adaptación: Discreta.

Maceta: De medianas dimensiones.

Trasplante: Antes de la reanudación vegetativa, en febrero-marzo, podándola ligeramente.

Tierra: Compuesta, aligerada con arena; óptimo drenaje.

Exposición: En locales luminosos, pero no al sol; en verano, en ambientes un poco sombreados al aire libre; en invierno en locales frescos y luminosos.

Temperatura: De gran adaptación; en invierno, pocos grados sobre cero.

Humedad: Normal.

Riegos: Copiosos y regulares en verano y muy moderados en invierno.

Abonos: Cada 15 días durante la floración.

Cuidados: Sacarla periódicamente al exterior.

Parásitos: Pulgón, araña roja, erinosis.

Multiplicación: Por estaca, en invernadero en otoño, pero un poco difícil en interiores.

Período de reposo: Invierno.

Nota; Existen numerosas especies de distinto vigor, altura y apariencia con flores de forma y colores diferentes. Se combate el pulgón con insecticidas sistémicos, y la erinosis y araña roja con Clorobenside, Tedión, Kelthane.

GARDENIA (*Gardenia iasminoides*)

Familia: Rubiáceas.

Origen: China, Japón.

Duración: Vivaz.

Características: Arbusto de medianas dimensiones, de hojas ovaladas, coriáceas, brillantes, con abundante ramaje y flores blancas simples o dobles.

Época de floración: Verano-otoño; flores muy perfumadas.

Adaptación: Discreta.

Maceta: De medianas dimensiones.

Trasplante: Cada 2 años en primavera, aclarando las ramas.

Tierra: Corriente pobre en calcio y tierra de castaño, partes iguales.

Exposición: Luminosa, pero no al sol, en locales ventilados; en verano también al aire libre, en ambientes un poco sombreados.

Temperatura: Levemente elevada sin descender en invierno a menos de 10° C.

Humedad: Un poco elevada.

Riegos: Frecuentes y regulares en verano; en invierno no dejar resecar nunca la tierra.

Abonos: Cada 15 días.

Cuidados: Nebulosidades.

Parásitos: Araña roja, cochinillas, nemátodos, serpetas.

Multiplicación: Por estaca de talón y por injerto en primavera y en invernadero, pero muy difícil en interiores.

Período de reposo: Invierno.

Nota: Las cochinillas y serpeta se combaten, a base de insecticidas sistémicas; la araña con acaricidas y los nemátodos con Aldrin, aplicado a la tierra.

GALATEA (*Calathea gindeniana*)

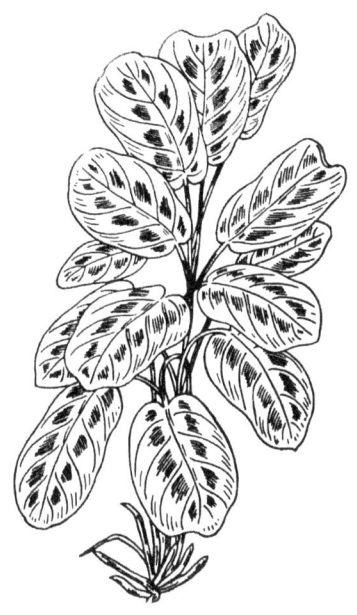

Calathea picta

Maceta: De limitadas dimensiones.

Calathea illustris

Familia: Marantáceas.

Origen: Brasil.

Duración: Vivaz.

Características: Planta herbácea con hojas radicales que nacen a continuación del período vegetativo; muy pecioladas, de forma oblonga con la cara inferior rojiza y la superior verde brillante, adornada de manchas oscuras, que dibujan sobre la hoja curiosas decoraciones.

Época de floración: Excepcional en interiores.

Adaptación: Modesta.

Trasplante: En la reanudación vegetativa, el drenaje debe ser abundante.

Tierra: Tierra de castaño (3 partes) mantillo de hojas (3 partes) turba (3 partes) y arena (1 parte), blanda y permeable al aire y al agua.

Exposición: Nunca al sol directo sino en lugares semi-sombreados.

Temperatura: Algo elevada (25° C) siendo la mínima soportada, de 15° C.

Humedad: Muy acentuada.

Riegos: Frecuentes en el período vegetativo, y más modestos, en invierno.

Abonos: Cada 15 días

Cuidados: Nebulosidación y limpieza de las hojas.

Parásitos: –

Multiplicación: Por división de mata o por esqueje, en primavera. Y en invernadero.

Período de reposo: Invierno.

Nota: En algunas especies, las hojas cambian de noche la posición con respecto al día.

GASTERIA (*Gasteria verrucosa*)

Familia: Liliáceas.

Origen: África del Sur.

Duración: Vivaz.

Características: Planta crasa de hojas radicales, lineales en dos series, opuestas, cóncavas y cubiertas de verrugas blancas. En el centro, emerge una inflorescencia con flores rojas colgantes.

Época de floración: Verano.

Adaptación: Buena.

Maceta: De pequeñas dimensiones.

Trasplante: Cada 3-4 años, sin dañar las raíces.

Tierra: Compuesta con abundante drenaje.

Exposición: Luminosa, preferiblemente con luz indirecta, en locales ventilados; también al aire libre en verano.

Temperatura: Adaptación discreta.

Humedad: Muy reducida.

Riegos: Abundantes en verano y en concomitancia con la floración; muy reducidos en invierno; soporta la sequía.

Abonos: Mensuales.

Cuidados: Regular y moderar los riegos.

Parásitos: Pudrimiento del cuello de la raíz.

Multiplicación: Por renuevos.

Período de reposo: Invierno.

Nota: La pudrición del cuello de la raíz es por abusar de los riegos.

GLOXINIA ELEGANTE (*Sinningia speciosa*)

Familia: Gesneriáceas.

Origen: Brasil.

Duración: Vivaz, pero anual en el cultivo de interiores.

Características: Planta herbácea bulbosa, de hojas voluminosas de notables dimensiones, que produce flores acampanadas y multicolores.

Época de floración: De mayo a julio.

Adaptación: Buena.

Maceta: Proporcionada a las dimensiones de la planta.

Trasplante: En febrero-marzo.

Tierra: Mantillo de hojas y de castaño.

Exposición: En sitios luminosos y ventilados, resguardada de las corrientes de aire y del sol.

Temperatura: Inicialmente a 15° C; después con temperaturas superiores.

Humedad: Elevada.

Riegos: Regulares; abundantes hasta la floración, y después cada vez más reducidos.

Abonos: Quincenales, hasta la floración.

Cuidados: Los bulbos después de secarse las hojas se extraen de la tierra, y estratifican en turba, a 8-10° C.

Parásitos: Pudrimiento del cuello de la raíz o del bulbo.

Multiplicación: Por bulbos, o semilla al aire libre; no aconsejable en interiores.

Período de reposo: Después de la floración

Nota: El pudrimiento del cuello de la raíz del bulbo es consecuencia de riegos, excesivos.

GRANADO ENANO (*Punica granatum*)

Familia: Punicáceas.

Origen: Cuenca mediterránea.

Duración: Vivaz.

Características: Arbusto de modestas dimensiones (en maceta), muy ramificado, cubierto de hojas verdes, flores rojas y más tarde de frutos.

Época de floración: De mayo a julio. Adaptación: Discreta.

Maceta: De limitadas dimensiones.

Trasplante: En primavera cada 2-3 años, en maceta un poco mayor que la precedente, eliminando parte de la masa de tierra agotada.

Tierra: Corriente y fértil.

Exposición: En locales luminosos, cálidos y ventilados; al aire libre en verano, resguardada del viento; en invierno a temperaturas no superiores a los 5° C, en locales luminosos.

Temperatura: En verano al calor; al frío cuando, pierde las hojas.

Humedad: Normal.

Riegos: Abundantes y regulares en verano; en invierno mantener ligeramente húmedo el terreno.

Abonos: Cada 10 días.

Cuidados: Antes de trasladarla al invernadero, o de la reanudación vegetativa, practicar una poda.

Parásitos: Se desconoce todo ataque de insectos y parásitos.

Multiplicación: Por estaca al aire libre. Imposible en interiores.

Período de reposo: Otoño-invierno.

Nota: No debe confundirse con el granado común.

GREVILLEA (*Grevillea robusta*)

Familia: Proteáceas.

Origen: Australia.

Duración: Vivaz; con frecuencia, anual en cultivo.

Características: Pequeño arbusto de hojas compuestas, partidas en segmentos irregulares, plegados hacia abajo.

Época de floración: Verano.

Adaptación: Buena.

Maceta: De pequeñas dimensiones.

Trasplante: Todos los años, en primavera.

Tierra: Corriente fértil, con otra de castaño, bien drenada.

Exposición: Luminosa en lugar fresco; en verano al aire libre en lugar sombreado.

Temperatura: No superior a 15-20° C; en invierno, no inferior a los 8° C.

Humedad: Normal.

Riegos: Regulares pero moderados, por ser la planta sensible a los excesos; soporta también la sequía.

Abonos: Mensuales.

Cuidados: Espolvorear las hojas a diario en verano.

Parásitos: Excepcionalmente es atacada por insectos y parásitos.

Multiplicación: Por acodo e injerto y se reproduce por semillas, en marzo, en invernadero.

Período de reposo: Invierno.

Nota: Por un rápido crecimiento es preciso renovar la planta a los tres o cuatro años.

HAVORTIA (*Haworthia fasciata*)

Familia: Liliáceas.

Origen: África del Sur.

Duración: Vivaz.

Características: Planta crasa acaule, de numerosas hojas lanceoladas, dispuestas en rosetón, de matiz verde oscuro. La parte superior es plana y la inferior convexa, con pequeñas pústulas blancas.

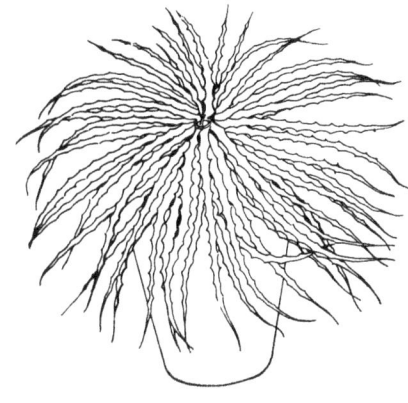

Época de floración: Verano.

Adaptación: Buena.

Maceta: De pequeñas dimensiones.

Trasplante: En primavera.

Tierra: Ligera y muy permeable, con óptimo drenaje.

Exposición: Luminosa, pero preferiblemente con luz indirecta.

Temperatura: Adaptable; en invierno a temperatura no inferior a los 8° C.

Humedad: Muy reducida.

Riegos: Limitados, especialmente con temperaturas bajas.

Abonos: Modestas cantidades, a largos intervalos.

Cuidados: No abusar del riego.

Parásitos: Pudrimiento de raíces.

Multiplicación: Por renuevos.

Período de reposo: Invierno.

Notas: Se cultivan numerosas especies; planta semejante al áloe. El pudrimiento de las raíces es efecto de un riego excesivo.

HIEDRA (*Hedera helix*)

Familia: Amiláceas.

Origen: Europa.

Duración: Vivaz.

Características: Planta trepadora o colgante, provista de raíces adventicias para agarrarse; hojas triangulares, coriáceas, de matiz verde oscuro, y con nerviaciones claras e irregulares.

Época de floración: Primavera.

Adaptación: Buena u óptima.

Maceta: De pequeñas dimensiones.

Trasplante: En primavera cada 3-4 años; hacer antes una ligera poda.

Tierra: Corriente, pobre en calcio.

Exposición: Luminosa especialmente en invierno; en verano en sitio semi-sombreado; se adapta también a la sombra.

Temperatura: No muy elevada; soporta temperaturas superiores a los 0° C.

Humedad: Un poco elevada.

Riegos: Regulares, teniendo la tierra siempre húmeda, sobre todo en verano.

Abonos: Mensuales.

Cuidados: Cuanto más matizadas son las hojas, tanto más luz exigen y menos soportan las bajas temperaturas; limpieza da las hojas con paños húmedos.

Parásitos: Cochinillas, araña roja y manchas en las hojas.

Multiplicación: Por estaca en agosto, o por acodo serpentario al aire libre.

Período de reposo: Invierno.

Notas: Se cultivan numerosas variedades de hojas matizadas y dimensiones muy diversas. Se combaten las cochinillas con insecticida, las arañas con acaricidas y las manchas en las hojas con espolvoreos de azufre.

HIGUERA DE MOZO; HIGUERA CHUMBO, CHUMBERA *(Opuntia – Ficus indica)*

Familia: Cactáceas.

Origen: Méjico y África del Norte.

Duración: Vivaz.

Características: Entre las numerosas opuntias de tallos planos (palas) esta especie de modesta altura con palas ovaladas, de matiz verde claro, con protuberancias regularmente dispuestas, cubiertas de vellosidades, es la más extendidas.

Época de floración: En junio y rara en interiores.

Adaptación: Óptima.

Maceta: De modestas dimensiones.

Trasplante: –

Opuntia microdasys

Tierra: Corriente, aligerada con arena y bien drenada.

Exposición: Muy luminosa, incluso al sol.

Temperatura: En invierno, pocos grados sobre cero.

Humedad: Muy reducida, especialmente en invierno.

Riegos: No muy abundantes; en invierno casi nulos.

Abonos: A largos intervalos, y en dosis muy reducidas.

Cuidados: Sacarla al aire libro periódicamente.

Parásitos: Pudrimiento del cuello de la raíz.

Multiplicación: Por estaca o palas, dejando secar y cicatrizar la herida antes de plantar.

Período de reposo: Invierno.

Notas: Tocar la planta siempre con guantes, porque las vellosidades irritan la piel. Moderar los riegos, causa de podredumbre del cuello de la raíz.

HORTENSIA (*Hydrangea hortensia*)

Familia: Saxifragáceas.

Origen: Extremo Oriente.

Duración: Vivaz.

Características: Pequeño arbusto semi-lignoso de grandes hojas y de inflorescencias globosas blancas o rosas al final de cada ramificación.

Época de floración: Forzada de marzo-abril; normal de junio-octubre.

Adaptación: Discreta.

Maceta: De dimensiones bastante notables.

Trasplante: A finales de invierno, antes de que las yemas se hinchen, haciendo a continuación una fuerte poda.

Tierra: Compuesta, acida y de castaño.

Exposición: En lugar luminoso; en verano al aire libre, en un lugar semi-sombreado.

Temperatura: Gran adaptación; hay que evitar el calor excesivo; en invierno, pocos grados sobre cero.

Humedad: Elevada.

Riegos: Regulares, copiosos y repetidos cada día; en invierno tener apenas húmedo el terreno.

Abonos: Cada 10 días en primavera-verano.

Cuidados: Podar intensamente a 2-3 yemas, si la operación conduce a un retardo de la floración.

Parásitos: Mal blanco, araña roja, desecamiento de las hojas.

Multiplicación: Por estaca, en verano.

Período de reposo: Invierno.

Notas: Las inflorescencias azules, se obtienen cultivando la hortensia en terreno ácido, y abonando con alumbre de roca diluido en agua, espolvorear con azufre y combatir la araña roja con Clorobenside.

HOVEA (*Howea forsteriana – Kentia forsteriana*)

Familia: Palmáceas.

Origen: Australia.

Duración: Vivaz.

Características. Planta de gran envergadura; hojas compuestas, envainadas en largos peciolos arqueados, lineales, plegadas hacia abajo y de mediana consistencia.

Época de floración: Junio. Difícil en nuestro clima.

Adaptación: Buena.

Maceta: De dimensiones bastante grandes; profunda.

Trasplante: En verano cada 2-3 años, procurando no dañar las raíces y no enterrar demasiado el tallo.

Tierra: Corriente con tierra de castaño.

Exposición: Luminosa con luz indirecta y ventilada; también al aire libre en sitio resguardado en verano.

Temperatura: Elevada; la temperatura no debe ser inferior a 10° C.

Humedad: Normal.

Riegos: Abundantes en verano y en temperaturas elevadas; moderados en invierno; usar agua tibia y carente de materia calcárea.

Abonos: Mensuales.

Cuidados: Lavar periódicamente las hojas y eliminar las secas.

Parásitos: Cochinillas, resecamiento de las hojas, y araña roja.

Multiplicación: Imposible en apartamento. Se reproduce en invernadero a base de semilla importada.

Período de reposo: Invierno.

Nota: Las cochinillas, causa del resecamiento de las hojas, se combaten con Lebaycid, Metasistox, Rogor, etc., y la araña con Clorobenside, Tedión, Kalthane, etc.

JACINTO (*Hyacinthus orientalis*)

Familia: Liliáceas.

Origen: Asia Menor.

Características: Planta bulbosa formada por una voluminosa inflorescencia cilíndrica, compuesta de florecidas en forma de estrella y distintos colores.

Época de floración: De enero a marzo.

Adaptación: Buena.

Maceta: De medianas dimensiones; garrafas.

Trasplante: En septiembre, colocar la maceta con el bulbo, en sitio frío y oscuro; cuando el escapo tiene 10 cm de alto trasladarlo a un sitio cálido, siempre en la oscuridad; después, al iniciarse la floración, exponerla a la luz.

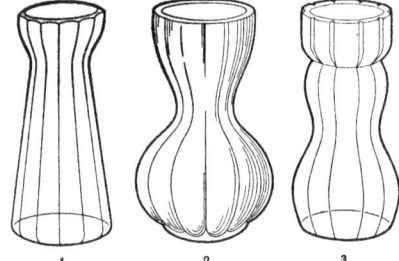

Tres tipos de maceta para el cultivo, en garrafa, del Hyacinthus.

Tierra: Ligera y bien drenada.

Exposición.: Luminosa pero no al sol.

Temperatura: Moderada para prolongar la floración.

Humedad.: Elevada.

Riegos: Copiosos durante la floración, hasta él amarilleamiento de las hojas.

Abonos: Pequeñas dosis antes de la floración.

Cuidados: Eliminar la inflorescencia caduca; después que las hojas se han secado, limpiar el bulbo y mantenerlo en un lugar seco.

Parásito»: Pudrimiento del bulbo, nemátodos pulgones.

Multiplicación: Por bulbillos.

Período de reposo: De mayo a octubre.

Notas: En interiores se cultivan (en octubre) solamente bulbos espaciales forzados en garrafas y en ambientes frescos; cuando la garrafa se ha rellenado de raíces, situarla al calor y a la oscuridad; después, al abrirse la flor, llevarla a un sitio, luminoso y cálido. Combatir los neumátodos, causantes de la podredumbre del bulbo, con Aldrin o Gindano, aplicado al suelo. Contra los pulgones, cualquier insecticida que actúe por asfixia y contacto.

KALANCHOE (*Kalanchoe globulifera*)

Familia: Crasuláceas.

Duración: Vivaz.

Origen: Madagascar.

Características: Pequeña planta crasa muy ramificada, de hojas carnosas, opuestas, redondeadas, sobre las que emergen inflorescencias en corimbo de pequeñas flores rojas.

Época de floración: Diciembre-abril.

Adaptación: Óptima.

Maceta: De modestas dimensiones.

Trasplante: Cuando las raíces han ocupado toda la maceta, después de la floración.

Tierra: Corriente, aligerada con arena y bien drenada.

Exposición: Luminosa y ventilada: en verano, también al aire libre.

Temperatura: La planta tiene una gran adaptación, pero necesita una temperatura constante; en invierno, en el período de floración, 15-18° C.

Humedad: Modesta.

Riegos: Moderados; la planta soporta la sequía, especialmente en invierno.

Abonos: Mensuales.

Cuidados: Regulares de toda planta.

Parásitos: Pudrimiento del cuello de la raíz, nemátodos, ácaros.

Multiplicación: Por esqueje, y reproduce por semilla en invernadero.

Período de reposo: De agosto a octubre.

Notas: Se cultivan diversas especies, muy distintas entre ellas. Los nemátodos se combaten con Aldrin aplicado a las tierras. Los ácaros, con Tedión o Kelthane y el pudrimiento del cuello de la raíz, suprimiendo riegos.

LAUREL REAL (*Laurus nobilis*)

Familia: Lauráceas.

Duración: Vivaz.

Origen: Asia Menor y cuenca mediterránea.

Duración: Vivaz.

Características: Arbusto siempre verde, de hojas coriáceas de matiz verde oscuro, fragantes y onduladas en los bordes.

Época de floración: Rara en interiores; en abril al aire libre.

Adaptación: Buena.

Maceta: De notables dimensiones.

Trasplante: Cada tres o cuatro años, en macetas un poco mayores, eliminando parte de la tierra agotada.

Tierra: Corriente, enriquecida con mantillo de hojas o de estiércol.

Exposición: Luminosa, en locales ventilados y frescos; al aire libre en verano, adaptándose también en ambientes poco luminosos.

Temperatura: No demasiado elevada; soporta algunos grados sobre cero.

Humedad: Algo elevada.

Riegos: Regulares y abundantes en verano; muy reducidos en invierno.

Abonos: De cuando en cuando.

Cuidados: Lavar las hojas, de vez en cuando.

Parásitos: Manchas en las hojas mal blanco y cochinillas.

Multiplicación: Por estaca y por semilla, pero difícil en interiores.

Período de reposo: Invierno.

Nota: Se combaten las cochinillas con Lebaycid y otros insecticidas sistémicos, y las manchas y mal blanco en las hojas con espolvoreos de azufre.

LIRIO DE LOS VALLES, MUGUET
(*Convallaria majalis*)

Familia: Liliáceas.

Origen: Europa Meridional.

Duración: Vivaz.

Características: Pequeña planta herbácea rizomatosa, hojas radicales, lanceoladas, de matiz verde oscuro y dando flores blancas, acampanadas, reunidas en pequeños racimos.

Época de floración: Mayo.

Adaptación: Buena.

Maceta: De modestas dimensiones.

Trasplante: Cada cuatro años.

Tierra: Corriente con mantillo de horas y arena.

Exposición: Luz difusa; se adapta también en sitios sombreados.

Temperatura: Soporta temperaturas cercanas a los 0° C.

Humedad: Relativa.

Riegos: Moderados, manteniendo la tierra constantemente húmeda, salvo en el período de reposo, durante el cual las hojas de la planta se secan y mueren.

Abonos: A largos intervalos y en dosis pequeñas.

Cuidados: Quitar las hojas secas.

Parásitos: Manchas de las hojas, pudrimiento del cuello de la raíz, etc.

Multiplicación: Por división de los rizomas.

Período de reposo: Verano.

Notas: La planta es venenosa; necesita un período de reposo para poder reanudar la vegetación y florecer. Para la floración invernal plantar en noviembre los rizomas en tierra arenosa, en lugar oscuro y fresco. En diciembre, trasladarla a un sitio cálido. El pudrimiento de la raíz es efecto del abuso en los riegos. Las manchas de las hojas se combaten con espolvorees de azufre y el pulgón con insecticidas sistémicos.

MAMILLARIA (*Mammillaria elegans*)

Mammillaria spinosissima

Familia: Cactáceas.

Origen: México.

Duración: Vivaz.

Características: Planta crasa globosa, recubierta a menudo de pelos que le dan una apariencia lanosa y gran número de aguijones. Algunas veces aparecen flores.

Época de floración: Indeterminada.

Adaptación: Buena.

Maceta: De pequeñas dimensiones, ancha y baja.

Trasplante: Cada 3-4 años, en verano.

Tierra: Muy ligera, rica en arena y bien drenada.

Exposición: Luminosa y soleada.

Temperatura: Elevada; en invierno en lugar claro, seco y no excesivamente cálido.

Humedad; Reducida.

Riegos: Un poco espaciados en verano; muy raros en invierno.

Abonos: Muy diluidos, a largas intervalos.

Cuidados; No mojar nunca la planta.

Parásitos: Pudrimiento de las raíces.

Multiplicación: Por renuevos en invernadero; imposible en interiores. Se reproduce por semilla.

Período de reposo: Otoño.

Notas: Moderar los riegos por ser causa del pudrimiento de las raíces.

MARANTA (*Maranta macoyana*)

Familia: Marantáceas.

Exposición: Luz media y difusa.

Origen: Brasil.

Duración: Vivaz.

Características: Planta copuda, de hojas características, sostenidas por largos pecíolos, oblongas, de matiz verde con manchas oscuras y matizadas al lado de las nerviaciones.

Época de floración: Difícil en nuestro clima.

Adaptación: Modesta.

Maceta: De dimensiones notables.

Trasplante: Avanzada la primavera, en la reanudación de la vida vegetativa, con óptimo drenaje.

Tierra: De castaño y turba, a partes iguales, mezclándole un poco de arena.

Exposición: Luz media y difusa.

Temperatura: Elevada; mínima soportada, 12° C.

Humedad: Muy elevada.

Riegos: Abundantes y frecuentes con agua tibia; más reducidos en invierno.

Abonos: Mensuales.

Cuidados: Limpiar las hojas y efectuar nebulosidades.

Parásitos: Rara vez la atacan por insectos y parásitos.

Multiplicación: Por división de mata en primavera.

Período de reposo: Invierno.

Notas: Estas plantas son muy semejantes a la *calathea*.

MIRTO *(Myrtus communis)*

Familia: Mirtáceas.

Origen: Cuenca mediterránea.

Duración: Vivaz

Características: Arbusto leñoso de modestas dimensiones, cubierto de hojas opuestas, pequeñas y consistentes de forma ovalada y muy perfumadas.

Época de floración. De mayo a agosto con flores poco visibles.

Adaptación: Buena.

Maceta: De modestas dimensiones.

Trasplante: Cuando las raíces han ocupado toda la maceta, cada 2-3 años, en primavera, haciendo previamente una fuerte poda.

Tierra: Corriente y fértil.

Exposición: Ambientes luminosos y ventilados; en verano al aire libre y al sol.

Temperatura: De notable adaptación, en invierno algunos grados sobre cero.

Humedad: Reducida.

Riego: Regulares; la tierra debe estar moderadamente humedecida; evitar los excesos especialmente en invierno.

Abono: Mensuales

Cuidados: Sacarla periódicamente al aire libre.

Parásitos: Se desconoce todo ataque.

Multiplicación: Por estaca, en verano, en tierra arenosa, y en invernadero. Se reproduce por semilla en marzo y al aire libre.

Período de reposo: Invierno.

Notas: No abusar de los riegos en invierno.

MONSTERA (*Monstera deliciosa*)

Familia: Aráceas

Origen: México

Duración: Vivaz.

Características: Vigoroso arbusto herbáceo de tallos rastreros ricos en raíces aéreas adventicias, de grandes hojas recortadas a los lados de los nervios. En las plantas jóvenes, las hojas son enteras.

Época de floración: Rara en interiores y excepcionalmente rara en climas meridionales.

Adaptación: Buena.

Maceta: De notables dimensiones.

Trasplante: Cada 2-3 años, en macetas de dimensiones notables.

Tierra: De castaño y mantillo de hojas.

Exposición: Muy luminosa, pero no directamente al sol.

Temperatura: Adaptable: no inferior a los 10° C.

Humedad: Elevada.

Riegos: Regulares y abundantes, aunque sin exceso.

Abonos: Cada 15 días.

Cuidados: No mover la planta ni dañar las raíces aéreas adventicias; mantener húmedo el musgo que recubre el tutor de sostén. Limpiar las hojas con paños húmedos.

Parásitos: Desecamiento de las hojas.

Multiplicación: Por estaca en invernadero, pero imposible en interiores; por acodo cuando la planta se deshoja en la base.

Período do reposo: Invierno.

Nota: El desecamiento de les hojas es debido al ataque de les cochinillas, las que se combaten con Lebaycid.,Metastistox. Rogor.

NARANJO DULCE (*Citrus sinensis*)

Familia: Rutáceas.

Origen: Extremo Oriente.

Duración: Vivaz.

Características: Arbusto de lento desarrollo, de hojas duraderas, ovaladas, de matiz verde brillante, consistentes, con pedúnculo alado y pequeñas espinas, flores blancas muy perfumadas, también puede dar frutos.

Época de floración: Primavera.

Adaptación: Buena.

Maceta: De grandes dimensiones.

Trasplanta: En primavera, cada 3-4 años.

Tierra: Corriente, de jardín.

Exposición: Luminosa y ventilada; en verano al aire libre.

Temperatura: No muy elevada; en invierno en invernadero a una temperatura ligeramente superior a los 0° C.

Humedad: Normal.

Riegos: Regulares; rehúye los excesos de agua.

Abonos: Cada mes, con cantidades muy modestas de abono.

Cuidados: Sacarla al exterior periódicamente.

Parásitos: Cochinillas.

Multiplicación: Por injerto o semilla, al aire libre y en primavera, aunque es de crecimiento muy lento.

Período de reposo: Invierno.

Nota: Combatir les cochinillas, aplicando al Metasistox, Paration, Lebaycid, etc.

NEFROLEPIS (*Nephrolepis exaltata*)

Familia: Polipodiáceas.

Origen: Diversas zonas de clima tropical.

Duración: Vivaz.

Características: Helecho con largas frondas compuestas de pínulas alternas, onduladas, de matiz verde claro, que se van empequeñeciendo hacia el extremo del ramo; la planta alcanza notables dimensiones.

Época de floración: Insignificante, y en primavera.

Adaptación: Escasa.

Maceta: De medianas dimensiones.

Trasplante: Cuando la maceta está llena de renuevos.

Tierra: De castaño y turba.

Exposición: Nunca al sol directo, aunque con preferencia en ambientes suficientemente claros.

Temperatura: De exigencias medias (15° C); mínima soportada 8° C.

Humedad: Muy elevada.

Riegos: Frecuentes y regulares; la tierra no debe secarse nunca.

Abonos: De cuando en cuando, con concentraciones diluidas.

Cuidados: Nebulosidades frecuentes.

Parásitos: Manchas de las frondas.

Multiplicación: Por división, pero no aconsejable o por renuevos. Se reproduce también por semilla.

Período de reposo: Otoño.

Nota: No colocar la planta demasiado cerca de las corrientes de calor; en la parte inferior de las frondas se forman cuerpos de matiz castaño (los soros), órganos de reproducción.

NIDULARIO (*Nidularium tricolor*)

Familia: Bromeliáceas.

Origen: Brasil.

Duración: Vivaz.

Características: Planta de mediano desarrollo de hojas formando un rosetón, más bien coriáceas, rígidas, lanceoladas, lineales, variadas. En el centro circundada por unas brácteas coloreadas y de modesta inflorescencia.

Época de floración: Al comienzo de la primavera.

Adaptación: Discreta.

Maceta: No excesivamente grande.

Trasplante: Después de la floración, eliminando los renuevos.

Tierra: Corriente, rica en turba o de castaño. bien drenada.

Nidularium innocentii

Exposición: Luminosa, pero no con luz difusa.

Temperatura: Elevada: mínima soportada 10°-12° C.

Humedad: Normal.

Riegos: Regulares, pero no excesivos.

Abonos: Una vez al mes.

Cuidados: Limpiar las hojas con paños húmedos.

Parásitos: Pudrimiento del cuello de la raíz.

Multiplicación: Por renuevos, pero no aconsejable en interiores.

Período de reposo: Verano.

Notas: Se cultivan diversas especies en interiores. Moderar los riegos en evitación de la podredumbre del cuello de la raíz.

OXALIDE *(Oxalis deppei)*

Familia: Oxilidáceas.

Origen: México.

Duración: Vivaz.

Características: Planta herbácea, bulbosa, de hojas formadas por cuatro pequeñas hojitas ovaladas, mostrando flores rosadas de forma de parasolada de larga resistencia.

Época de floración: Verano.

Adaptación: Buena.

Maceta: De modestas dimensiones.

Trasplante: En marzo, volviendo a plantar inmediatamente los bulbos.

Tierra: Corriente y ácida.

Exposición: En locales luminosos y ventilados; también al aire libre; en invierno, en locales relativamente templados.

Temperatura: Gran adaptación.

Humedad: Normal.

Riegos: Moderados; después de la floración, dejar secar la tierra.

Abonos: Mensuales.

Cuidados: Los de toda planta.

Parásitos: Se desconoce todo ataque.

Multiplicación: Por los bulbos, que son comestibles.

Período de reposo: Otoño-invierno.

Nota: Arrancar los bulbos tan pronto ha muerto la hoja.

PALMERA DE CANARIAS (*Phoenix canariensis*)

Familia: Palmáceas.

Origen: Canarias.

Duración: Vivaz.

Características: Árbol de notables dimensiones, de hojas compuestas,

primeramente erguidas y después curvadas; éstas son de matiz verde oscuro, afiladas y, en la baso del peciolo, espinosas.

Época do floración: Junio.

Adaptación: Discreta.

Maceta: Un poco grande y profunda.

Trasplanto: En verano cada 3-4 años.

Tierra: Corriente y fértil.

Exposición: Muy luminosa, nunca a la sombra si es posible y en locales ventilados.

Temperatura: Moderada; la planta no soporta el calor excesivo.

Humedad: Elevada,

Riegos: Regulares; la tierra no debe desecarse nunca; no excederse en invierno.

Abonos: Mensuales.

Parásitos: Cochinillas, manchas de las hojas y araña roja.

Multiplicación: Se reproduce por semilla al aire libre. Imposible en interiores.

Período de reposo: Invierno.

Nota: Se cultivan diversas especies muy semejantes entre sí. Se combaten las cochinillas causantes de las manchas en las hojas, con Metasistox, Lebaycid, Rogor, etc., y la araña roja, con Clorobenside, Tedión o Kelthane.

PANDANO *(Pandanus veitchii)*

Familia: Pandanaceas.

Origen: Polinesia

Duración: Vivaz

Características: Planta de poca altura, de largas hojas dispuestas en forma de roseta, lanceoladas, erguidas las jóvenes, caídas las básales y bordeadas de blanco y de bordes espinosos.

Época de floración: Junio.

Adaptación: Buena.

Maceta: De pequeñas dimensiones.

Trasplante: Cada 2-3 años en primavera, sin dañar las raíces carnosas; plantarlas de manera que las raíces no sobresalgan de la superficie.

Tierra: Compuesta, rica en turba y arena.

Exposición: En lugar luminoso, pero con luz difusa.

Temperatura: Elevada para las plantas adultas; mínima soportada 10° C; para las plantas jóvenes, ligeramente superior.

Humedad: Muy elevada.

Riegos: Copiosos en verano; moderados en invierno; soporta también la sequía.

Abonos: Cada 10 días en el Período vegetativo.

Cuidados: Lavado de las hojas con paños húmedos, sin bañar las hojas.

Parásitos: Manchas de las hojas.

Multiplicación: Por renuevos, pero imposible en interiores. Se reproduce por semilla importada.

Período de reposo: Invierno.

Nota: No puede resistir mucho tiempo el ambiente de las viviendas.

PELARGONIO (*Pelargonium zonale*)

Familia: Geraniáceas

Origen; África del Sur.

Duración: Vivaz.

Características: Planta herbáceo-lignosa de pequeño desarrollo; muestra muchas flores en continua sucesión, de variado color y forma.

Época de floración: Mayo-octubre.

Adaptación: Buena.

Maceta: Gran adaptación en cuanto a material y tamaño.

Trasplante: En primavera, practicando previamente una fuerte poda.

Tierra: Compuesta.

Exposición: Luminosa y ventilada; al aire libre tan pronto como sea posible; en invierno, en sitio fresco pero luminoso.

Temperatura: Se adapta a cualquier temperatura; la mínima soportada en invierno es de 5º C.

Humedad: Muy adaptable.

Riegos: Soporta la sequía, pero se desarrolla mejor con abundantes irrigaciones; en invierno mantener ligeramente húmeda la tierra.

Abonos: Cada 10 días, en el período de floración.

Cuidados: Eliminar las flores caducas y hojas secas.

Parásitos: Pulgón, pudrimiento de los tallos, araña roja, virus.

Multiplicación: Por estaca, en cualquier estación, con tallos semi-lignosos.

Período de reposo: Invierno.

Notas: Se cultivan tres especies: *capitatum, grandiflorum y peltatum*, que difieren entre sí por la forma de la flor, tallos y de las hojas. El pulgón se combate con insecticidas sistémicos; la araña roja con Tedión o Kelthane, y el virus no permite otra solución que arrancar la planta y quemarla.

PELLEA (*Pellaea rotundifolia*)

Familia: Polipodiáceas.

Origen: Nueva Zelanda

Duración: Vivaz.

Características: Planta de pequeñísimo desarrollo con tallos cortos rastreros, vellosos, frondas redondas, cordiformes, de matiz verde oscuro, envainadas directamente sobre el tallo.

Época de floración: Primavera, pero insignificante.

Adaptación: Modesta.

Maceta: Muy pequeña.

Trasplante: En marzo.

Tierra: Compuesta

Exposición: No muy luminosa.

Temperatura: Intermedia de 10-12° C.

Humedad: Acentuada (inferior a todos los otros helechos).

Riegos: Regulares.

Abonos: Químicos y ácidos.

Cuidados: Sacarla periódicamente a la sombra.

Parásitos: Se desconoce todo ataque de insectos y parásitos.

Multiplicación: Por división de mata al aire libre. Imposible en interiores.

Período de reposo: Invierno.

Nota: Apta para composiciones, más que para vivir aislada.

PEPEROMIA (*Peperomia marmorata*)

Familia: Piperáceas.

Origen: América del Sur.

Duración: Vivaz.

Características: Planta herbácea de matorral, en general de pequeñas dimensiones, de hojas carnosas o coriáceas, de diversos matices y tonalidades.

Época de floración: En verano. Rara en interiores y generalmente poco visible.

Adaptación: Buena.

Maceta: De pequeñas dimensiones.

Trasplante: En primavera, en macetas de tamaño reducido.

Tierra: Compuesta, aligerada con arena.

Exposición: Luz difusa.

Temperatura: Elevada; mínima soportada, 10-13° C.

Humedad: Normal.

Riegos: Copiosos en verano, sin excesos; moderados en invierno; soporta la sequía.

Abonos: Mensuales, en el período vegetativo.

Cuidados: Lavar las hojas.

Parásitos: Pudrimiento del cuello de la raíz y araña roja.

Multiplicación: Por estaca, pero no aconsejable en interiores. Se reproduce también por semilla.

Período de reposo: Invierno.

Notas: Se cultivan numerosas especies, aunque muy distintas entre sí. El pudrimiento del cuello de la raíz es por exceso de riegos. La araña roja se combate con Clorobenside, Tedión, Kelthane, etc.

PILEA *(Pilea cardierei)*

Familia: Urticáceas.

Origen: Annam.

Duración: Vivaz, a menudo anual en cultivo.

Características: Planta herbácea dioica de rápido crecimiento, muy ramificada. de hojas, opuestas, ovaladas, obtusas, rizadas, con variaciones plateadas a los lados de los nervios.

Época de floración: Rara en interiores.

Adaptación: Discreta.

Maceta: De modestas dimensiones.

Trasplante: En primavera.

Tierra: Compuesta, enriquecida con turba.

Exposición: Luz difusa y en ambientes poco iluminados.

Temperatura: Elevada, entre los 15-20° C; mínima soportada, 10° C.

Humedad: Elevada.

Riegos: Muy abundantes y constantes, aunque sin excesos.

Abonos: Mensuales.

Cuidados: Efectuar podas para provocar el acogollamiento.

Parásitos: Araña roja y manchas de las hojas.

Multiplicación: Por esqueje, pero no aconsejable en interiores.

Período de reposo: Invierno.

Nota: Se combate la araña roja con Clorobenside, Tedión, Kelthane, etc. y las manchas de las hojas con espolvoreos de azufre.

PITA (*Agave americana*)

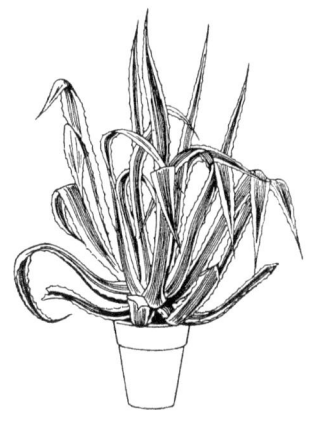

Familia: Amarilídeas.

Origen: México.

Duración: Vivaz Características: Planta constituida por una roseta de hojas radicales verdes o variadamente afiladas, con espinas en las puntas y bordes. Las hojas centrales se enredan entre ellas mismas y las más viejas son reflejas y recurvadas.

Adaptación: Buena.

Maceta: De dimensiones reducidas.

Trasplante: Cada 3-4 años.

Tierra: Compuesta, más bien ligera.

Exposición: Luminosa, al aire libre en verano.

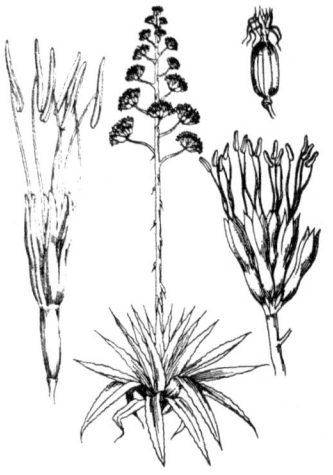

Agave (flor)

Temperatura: Planta de exigencias medias, prefiere climas templados con temperatura invernal de 16-17° C, siendo la mínima soportada ligeramente superior a los 0°.

Humedad: Ambiente seco.

Riegos: Copiosos en el período cálido, y moderados en el invierno; soporta la sequía.

Abonos: Todos los meses de verano.

Cuidados: Limpieza de las hojas de vez en cuando.

Parásitos: Cochinillas y pudrimiento de tas hojas.

Multiplicación: Por renuevos en cualquier época del año.

Período de reposo: Invierno.

Nota: El trasplante es operación comprometida a causa de lo espinoso de las hojas; suprimir riegos y combatir las cochinillas con insecticidas sistémicos.

PITOSPORO (*Pittosporum tobira*)

Familia: Pitosporiáceas

Origen: Extremo Oriente.

Duración: Vivaz

Características: Arbusto siempre verde, muy ramificado, de hojas dispuestas en verticilos, ovaladas, coriáceas, brillantes por la cara superior y opacas en la inferior. Las flores en los extremos del ramo son poco visibles, pero muy perfumadas.

Época de floración: En primavera solamente en plantas viejas.

Adaptación: Buena.

Maceta: Proporcionada a las dimensiones de la planta.

Trasplante: En primavera, cada 2-3 años.

Tierra: Corriente y fértil.

Exposición: En locales ventilados; en verano al aire libre y en ambientes sombreados.

Temperatura: Adaptable; en invierno, algunos grados sobre cero.

Humedad: Normal.

Riegos: Regulares en verano; se adapta también a la sequía.

Abonos: Cada 15-20 días.

Cuidados: Mantener las hojas limpias.

Parásitos: Cochinilla algodonera.

Multiplicación: Por semilla en primavera.

Período de reposo: Invierno.

Nota: Para combatir la cochinilla algodonera, aplicar en invierno emulsiones de aceites blancos con Paratión.

PLATICERIO, CUERNO DE ALCE, CUERNO DE CIERVO (*Platycerium alcicorne*)

Familia: Polipodiáceas.

Origen: Polinesia.

Duración: Vivaz.

Características: Planta epífita de frondas verdes ligeramente voluminosas. La forma recuerda vagamente la cornamenta de un ciervo. Está provista de una fronda de amarre que se apoya en el sustrato.

Época de floración: En primavera, pero insignificante.

Adaptación: Buena.

Maceta: De madera encestada.

Trasplante: En primavera.

Tierra: Corcho y mantillo musgoso.

Exposición: En posición luminosa pero no al sol.

Temperatura: Ligeramente elevada; temperatura mínima, 8° C.

Humedad: Vive también en ambiente un tanto seco.

Riegos: Frecuentes con agua no fría; no mojar las frondas; soporta la sequía.

Abonos: No son necesarios.

Cuidados: Sacarla al aire libre periódicamente.

Parásitos: Manchas de las frondas.

Multiplicación: Imposible en interiores.

Período de reposo: Invierno.

Notas: Es apta para macetas colgantes. Espolvorear con azufre para reducir las manchas en las frondas.

PRIMULA (*Prímula maíacoides*)

Familia: Primuláceas.

Origen: Extremo Oriente.

Duración: Anual en cultivo.

Características: Pequeña planta herbácea formada por una mata de amplias hojas, de entre las cuales emerge una inflorescencia sostenida por un largo tallo.

Época de floración: Invierno-primavera.

Adaptación: Buena.

Maceta: De pequeñas dimensiones.

Trasplante: En primavera, después de la floración.

Tierra: Compuesta, aligerada con arena y turba.

Exposición: Luminosa, pero no al sol; en verano al aire libre, en lugares semisombreados, enterrando las macetas.

Temperatura: No muy elevada.

Humedad: Acentuada.

Riegos: Moderados, pero frecuentes; la tierra debe mantenerse siempre húmeda.

Abonos: Cada 10 días.

Cuidados: Nunca mojar las hojas ni las flores; no tocar las hojas porque pueden provocar alergia.

Parásitos: Pulgón, nemátodos, araña roja y necrosis en el cuello de la raíz.

Multiplicación: Por semilla al aire libre, pero no aconsejable en interiores.

Período de reposo: Después de la floración, durante 2-3 meses.

Notas: Se cultivan 3 especies: *la sinensis*, *la malacoides* y *la obconica*, totalmente distintas entre sí. Se combate el pulgón con insecticidas sistémicos, la araña roja con acaricidas, las necrosis con caldos cúpricos y los nemátodos con Aldrin aplicado a las tierras.

ROEO (*Rhoeo discolor*)

Familia: Commelináceas.

Origen: México.

Duración: Vivaz

Características: Planta rizomatosa de hojas colocadas dispuestas en rosetón, lanceoladas, gruesas, de matiz metálico en su cara superior y rojizo en la inferior.

Época de floración: Primavera.

Adaptación: Discreta.

Maceta: De medianas dimensiones.

Trasplante: En primavera.

Tierra: Compuesta de castaño, con turba y arena.

Exposición: En lugares ventilados e iluminados, pero no a pleno sol.

Temperatura: Elevada-, en invierno, no inferior a 12-15° C.

Humedad: Muy elevada.

Riegos: Copiosos en el período vegetativo; moderados en invierno.

Abonos: Cada 10 días, en el período vegetativo.

Cuidados: Sacarla periódicamente al aire libre.

Parásitos: Se desconoce todo ataque o invasión.

Multiplicación: Por esquejes al aire libre, pero no aconsejable en interiores.

Período de reposo: Invierno.

Nota: La variedad «Vittata» se cultiva también en invernadero.

RUSCO (*Ruscus aculeatus*)

Familia: Liliáceas.

Origen: Europa.

Duración: Vivaz

Características: Pequeña planta siempre verde, con tallos rígidos y hojas ovaladas, picantes, de matiz verde oscuro (cladodios), flores modestas pero vivaces y bayas rojas, durante el invierno.

Época de floración: Al final del verano ornamental en el período de fructificación.

Adaptación: Buena.

Maceta: De medianas dimensiones.

Trasplante: En primavera.

Tierra: Corriente, enriquecida con mantilla de flojas o de estiércol.

Exposición: Poco luminosa, lugares ventilados, nunca directamente al sol.

Humedad: Relativa.

Riegos: Regulares, soporta la sequía.

Abonos: Mensuales.

Cuidados: Necesita renovación de aires.

Multiplicación: Por división de los renuevos o matas.

Período de reposo: Invierno

Nota. Se combate el carbón y desecamiento de los cladodios a base del Kalthane.

SAGINELLA (*Selaginella martensii*)

Familia: Selagineláceas.

Origen: México.

Duración: Vivaz.

Características: Grandes matas bajas, formadas por tallos rastreros cubiertos de minúsculas hojas imbricadas, semejantes a escamas.

Época de floración: Primavera, Adaptación: Discreta.

Maceta: De pequeñas dimensiones.

Trasplante: Primavera.

Tierra: De castaño, aligerada con arena.

Exposición: Luz indirecta, no muy intensa.

Temperatura: Ligeramente elevada.

Humedad: Muy acentuada.

Riegos: Regulares y abundantes, manteniendo húmeda la tierra.

Abonos: Químicos y ácidos.

Cuidados: No mojar las hojas.

Parásitos: Se desconoce todo ataque o invasión.

Multiplicación: Por división de mata y por esquejes terminales en primavera y al aire libre.

Período de reposo: Otoño-invierno.

Nota: Necesita airearla periódicamente.

SAINTPAULA (*Saintpaulia lonanthas*)

Familia: Gesneriáceas.

Origen: África Oriental.

Duración: Vivaz.

Características: Pequeña planta herbácea, de hojas redondas, carnosas, voluminosas y gran número de graciosas flores violetas, rojas o blancas.

Época de floración: Prácticamente continua, desde el otoño hasta la primavera.

Adaptación: Buena.

Maceta: De pequeñas dimensiones.

Trasplante: En la buena estación, en una maceta un poco mayor que la anterior.

Tierra: De castaño y mantillo de hojas.

Exposición: Luz difusa, pero fuerte.

Temperatura: Moderada.

Humedad: Elevada.

Riegos: Mantener la tierra regular y continuamente húmeda, sin excesos; con temperaturas bajas, reducir la cantidad de agua.

Abonos: Cada 3-4 semanas.

Cuidados: No mojar las hojas.

Parásitos: Nemátodos, ácaros y manchas en las hojas.

Multiplicación: por esqueje, pero no aconsejable en interiores. Se reproduce por semillas al aire libre.

Período de reposo: Después de la floración.

Notas: Se combate los nemátodos, aplicando Aldrin en la tierra y los ácaros, causantes de manchas en las hojas, con Tedión o Kelthane.

SANSEVIERA (*Sansevieria trifasciata: Laurentii*)

Familia: Liliáceas.

Origen: África del Sur.

Duración: Vivaz

Características: Planta rizomatosa, de hojas radicales, lineales, lanceoladas, coriáceas, con dibujos de matiz claro.

Época de floración: Rara en interiores y en nuestros climas.

Adaptación: Óptima.

Maceta: De pequeñas dimensiones.

Trasplante: Cada 2-3 años en primavera, en macetas no muy grandes, con buen drenaje.

Tierra: Compuesta, enriquecida con arena.

Exposición: Clara y luminosa, soleada o a la sombra.

Temperatura: Adaptable; no inferior a los 10° C en invierno.

Humedad: Reducida.

Riegos: Regulares pero moderados en invierno; la planta soporta la sequía.

Abonos: Mensuales.

Sansevieria Hahnii

Cuidados: Limpieza de las hojas.

Multiplicación: Por división de los renuevos y por fragmentos de las hojas.

Período de reposo: Invierno.

Notas: Se cultivan diversas variedades de hojas más o menos anchas y matizadas. Prestar una debida atención a los riegos.

SEDUM *(Sedum subrotinctum)*

Familia: Crasuláceas.

Origen: Japón.

Duración: Vivaz.

Características: Planta herbácea de pequeñas dimensiones, rizomatosa, con abundancia de tallos, hojas carnosas, de matiz verde claro y cilíndricas. En invierno pierde las hojas, pero antes, produce graciosas florecillas rojas.

Época de floración: Verano-otoño.

Adaptación: Buena.

Maceta: De modestas dimensiones.

Trasplante: En primavera, una vez reanudada la vida vegetativa, con buen drenaje.

Tierra: Compuesta, aligerada con arena.

Exposición: En lugar luminoso; en verano al aire libre.

Temperatura: Moderada; pocos grados sobre cero, en invierno.

Humedad: Regular.

Riegos: Moderados en verano, y muy reducidos en invierno.

Abonos: Una vez al mes, en dosis reducidas.

Cuidados: Los de toda planta.

Parásitos: Pudrimiento del cuello de la raíz.

Multiplicación: Por esqueje o renuevos al aire libre, en primavera.

Período de reposo: Invierno; alguna especie en este período pierde toda la parte aérea que sobresale de la superficie.

Notas: Soporta temporalmente los interiores. El exceso de riego provoca el pudrimiento del cuello de la raíz.

SENECIO (*Senecio cruentos*)

Familia: Compuestas.

Origen: Canarias.

Duración: Anual en interiores.

Características: Planta de limitadas dimensiones, de anchas hojas voluminosas, sobre las que sobresalen un gran número de «margaritas» con tonalidades de diversos colores.

Época de floración: Desde febrero hasta finales de la primavera.

Adaptación: Buena (durante el período de floración).

Maceta: de 14-16 cm de diámetro.

Trasplante: En septiembre.

Tierra: Corriente y fértil, aligerada con arena.

Exposición: En lugares frescos y ventilados, o a pleno sol.

Temperatura: Moderada.

Humedad: Elevada; practicar nebulosidades.

Riegos: Abundantes y diarios; de cuando en cuando regar por inmersión; mantener húmeda la tierra.

Abonos: No son necesarios.

Cuidados: Trasladarla a sitios húmedos y frescos, durante la noche.

Parásitos: Nemátodos y piojos.

Multiplicación: Por semilla, al aire libre; no aconsejable en interiores.

Período de reposo: Otoño.

Nota: Los nemátodos se combaten aplicando Aldrin al suelo, y los piojos, con insecticidas sistémicos.

SIEMPREVIVA (*Sempervivum arachnoidaum*)

Familia: Crasuláceas.

Origen: Europa Meridional.

Duración: Vivaz.

Características: Las plantas están formadas por numerosas y pequeñas rosetas acaules, cuyas hojas terminan formando un tejido sedoso especial en el extremo de la roseta. Las flores, en forma de estrella, son muy decorativas.

Época de floración: Verano.

Adaptación: Buena.

Maceta: Proporcionada a las dimensiones de la planta.

Trasplante: Cuando la planta está llena de rosetas.

Tierra: De jardín.

Exposición: Luminosa; al aire libre, en sitio soleado, en verano; en locales secos en invierno.

Temperatura: Adaptable; en invierno, pocos grados sobre cero.

Humedad: Reducida.

Riegos: Moderados en verano; muy reducidos en invierno; soporta la sequía.

Sempervivum tectorum

Abonos: Mensuales, en dosis muy limitadas.

Cuidados: Relativos.

Parásitos: Pudrimiento del cuello de la raíz.

Multiplicación: Verano-otoño, por renuevos.

Período de reposo: Invierno.

Nota: El pudrimiento del cuello de la raíz es por abuso de los riegos.

SINGONIO *(Syngonium wellozianum)*

Familia: Aráceas.

Origen: América Central.

Duración: Vivaz.

Características: Planta rizomatosa, trepadora, de rápido crecimiento, de hojas muy pecioladas, en forma de lanza, con 5 segmentos verdes.

Época de floración: Verano-otoño.

Adaptación: Buena.

Maceta: Proporcionada a las dimensiones de la planta.

Trasplante: Cada 2-3 años.

Tierra: Mantillo de hojas o de castaño, con arena.

Exposición: Luminosa, pero no directamente al sol.

Temperatura: Constante, sobre los 15° C; mínima soportada, 8-10° C.

Humedad: Elevada.

Riegos: Regulares y abundantes.

Abonos: Quincenales.

Cuidados: Lavar las hojas; regar el sostén recubierto de musgo.

Parásitos: Se desconoce todo ataque e invasión.

Multiplicación: Por estaca, en invernadero y primavera.

Período de reposo: Invierno.

Nota: Se cultivan en interiores dos especies muy semejantes entre sí, una de las cuales tiene las hojas matizadas.

SOLANO (*Soianum capsicastrum*)

Familia: Solanáceas.

Origen: Brasil.

Duración: Vivaz.

Características: Planta herbácea de tallos vitreos, ricos en hojas lanceoladas y veteadas. En otoño, se adorna de bayas rojas que permanecen durante largo tiempo sobre la planta.

Época de floración: Verano, con flores poco visibles.

Adaptación: Buena.

Maceta: Proporcionada a las dimensiones de la planta.

Trasplante: A la caída de los frutos.

Tierra: Corriente y fértil con arena y mantillo.

Exposición: En lugar claro, luminoso y ventilado; o al aire libre en verano.

Temperatura: Intermedia; en invierno a 8-10° C.

Humedad: Normal.

Riegos: Regulares en el período vegetativo y sin excesos; moderados en el período invernal.

Abonos: Mensuales.

Cuidados: Los comunes en toda planta.

Parásitos: Es un tanto indemne al ataque de insectos y parásitos.

Multiplicación: Por semilla, al aíra libre entre enero-febrero.

Período de reposo: Durante 2-3 meses, después de la caída de los frutos, en invierno.

Nota: Las bayas son venenosas.

TRADESCANCIA (*Tradescantia albiflora*)

Familia: Commelináceas.

Origen: América Central y Meridional.

Duración: Vivaz.

Características: Planta de porte colgante y rastrero, herbácea, de hojas ovaladas, verdes o grises, rica en nudos que fácilmente arraigan y echan renuevos.

Época de floración: Primavera.

Adaptación: Óptima.

Maceta: De pequeñas dimensiones.

Trasplante: Cuando la planta se ha deshojado en la parte basal, enterrar las partes afectadas.

Tierra: Corriente con turba y arena.

Exposición: Luminosa, pero no directamente al sol; la variedad de hojas verdes se adapta también en ambientes poco iluminados.

Temperatura: Más bien elevada; temperatura mínima 6-8° C.

Humedad: Normal.

Riegos: Regulares y abundantes; resiste la sequía.

Abonos: Cada mes.

Cuidados: Los comunes en toda planta.

Parásitos: Se desconoce todo ataque o invasión.

Multiplicación: Por esqueje al aire libre en todas las épocas.

Período de reposo: Indeterminado.

Nota: Se cultiva también la especie T. Fuscata, el envés de cuyas hojas es de matiz púrpura.

VIÑA VIRGIN (*Parthenocissus quinquefolia*)

Familia: Vitáceas.

Origen: América tropical.

Duración: Vivaz.

Características: Arbusto trepador muy ramoso de hojas caducas palmadas con cinco lóbulos, dentadas, de matiz verde brillante por la cara superior y verde pálido por la inferior, tomando un matiz rojo en otoño.

Adaptación: Discreta.

Época de floración: Verano con flores insignificantes.

Maceta: De dimensiones un poco mayores que la pequeña-mediana.

Trasplante: En primavera; efectuarlo a largos intervalos.

Tierra: De jardín, fértil.

Exposición: Adaptable; preferentemente a 12-15° C; soporta mínimas de 8° C en invierno.

Humedad: Normal.

Riegos Regulares; muy moderados en invierno.

Abonos: Quincenales, en verano.

Cuidados: Despuntar los tallos frenando as expansiones.

Parásitos: Se desconoce el ataque de insectos y parásitos.

Multiplicación: Por estaca o acodo al aire libre. Se reproduce también por semilla.

Período de reposo: Invierno.

Nota: Utilizada también como planta de porte colgante.

VneíM

VRIESIA (*Vresia hieroglyphica)*

Familia: Bromeliáceas.

Origen: Brasil.

Duración: Vivaz.

Características: Planta en forma de roseta, de hojas largas, lineales, coriáceas, ligeramente recurvadas, verdes y con manchas oscuras transversales. Las flores rojas, aparecen en el centro y son de larga duración.

Época de floración: Primavera.

Adaptación: Discreta.

Maceta: De modestas dimensiones.

Trasplante: Después de la floración eliminar los brotes; buen drenaje.

Tierra: De castaño y mantillo de hojas.

Exposición: Luminosa, pero no directamente al sol.

Temperatura: Elevada y constante en todas las estaciones; mínima soportada, 10° C.

Humedad: Elevada.

Riegos: Abundantes en verano; mantener la tierra ligeramente húmeda en invierno.

Abonos: Una vez al mes.

Cuidados: Limpiar las hojas con paños mojados.

Parásitos: Pudrimiento del cuello de la raíz.

Multiplicación: Por renuevos en primavera y al aire libre, no aconsejable en interiores.

Período de reposo; Verano.

Notas: Se cultivan en interiores numerosas especies. El pudrimiento de la raíz es consecuencia de la abundancia de riegos.

ZEBRINA (Zebrina péndula)

Familia: Commelináceas.

Origen: América Central.

Duración: Vivaz.

Características: Planta de porte rastrero con abundantes tallos, hojas ovaladas, dísticas, sésiles, imbricadas en parte, consistentes, y con frecuencia, adornadas con dos tiras plateadas y envés purpurino.

Época de floración: Primavera.

Adaptación: Óptima.

Maceta: Proporcionada a las dimensiones de la planta.

Trasplante: Cuando la parte basal se ha deshojado.

Tierra: Corriente y fértil con turba y arena.

Exposición: Luminosa; se adapta perfectamente a la sombra.

Temperatura: Adaptable; temperatura mínima 8-10° C.

Humedad: Normal,

Riegos: Regulares y abundantes, aunque también la planta resiste la sequía.

Abonos: De vez en cuando.

Cuidados: Los de toda planta.

Parásitos: Se desconoce todo ataque o Invasión.

Multiplicación: Por esquejes en otoño y en invernadero.

Período de reposo: Indeterminado.

Nota: Si vive en ambientes no aptos, las hojas nuevas son pequeñas y poco coloreadas.

Estimado Lector

Nos interesan mucho sus comentarios y opiniones sobre esta obra.

Por favor ayúdenos comentando sobre este libro. Puede hacerlo dejando una reseña en la tienda donde lo ha adquirido.

Puede también escribirnos por correo electrónico a la dirección: info@editorialimagen.com

Si desea más libros como éste puede visitar el sitio de **Editorialimagen.com** para ver los nuevos títulos disponibles y aprovechar los descuentos y precios especiales que publicamos cada semana.

Allí mismo puede contactarnos directamente si tiene dudas, preguntas o cualquier sugerencia.

¡Esperamos saber de usted!

Más Libros de Interés

El Huerto en Casa para Toda la Familia – Cultivo Ecológico de Todo Tipo de Vegetales, Hortalizas, Frutos y Hierbas Aromáticas

Una guía práctica para aprender cómo la jardinería puede contribuir a un estilo de vida sostenible y producir alimentos saludables durante todo el año. Además de ilustraciones, contiene un nomenclador de las hortalizas.

Técnicas de Relajación para el Bienestar y la Vida Sana – Ejercicios sin pesas para la relajación muscular y la respiración consciente contra el estrés y la ansiedad.

Un método ilustrado, fácil y práctico para lograr sentirse bien física y mentalmente; para practicar en cualquier momento o lugar. Cómo combatir la fatiga, dolores de cabeza, calambres, fatiga ocular, reumatismo etc. y estar en forma sin esfuerzo.

Cómo Bajar de Peso Sin Hacer Dietas ni Ejercicios – Descubre cómo Adelgazar Comiendo y Perder Peso Rápido y Naturalmente

Muchos manjares comunes sirven para bajar de peso y mejorar la salud. Se explica cómo utilizar estos alimentos y cómo combinar con otros, sin necesidad de recurrir a ejercicios violentos o a medicinas artificiales. Además, recetas ensayadas para una semana y cuadros de calorías.

Alcance Sus Sueños – Descubra pasos prácticos y sencillos para lograr lo que hasta ahora no ha podido

Una ayudar para alcanzar aquellas metas que todavía no ha logrado y animarle a seguir luchando por aquellos sueños que está persiguiendo. Descubre cómo salir de la rutina, cómo enfrentar los problemas, la depresión, el agotamiento y todo lo que nos estorba para llegar al destino que deseamos.

Joyas de la Superación Personal – Descubre los secretos de autoayuda que te motivarán a alcanzar tus objetivos

En este libro encontrarás 5 escritos exitosos sobre la superación personal que no puedes perderte. Más de 100 páginas destinadas a que usted ponga en acción todo su potencial.

Recetas Para Bajar el Colesterol – Superalimentos y alimentos sin lactosa para una dieta baja en colesterol

Recetas saludables para reducir el colesterol. También cubre varios alimentos diferentes, diseñados específicamente para quienes padecen intolerancia a la lactosa. Además, un plan de dieta para reducir el colesterol para todos los días de la semana.

Batidos Verdes Depurativos y Antioxidantes – Aumenta tu vitalidad con Smoothie Detox durante 10 días para adelgazar y bajar de peso

Recetas deliciosas de batidos verdes depurativos y antioxidantes para adelgazar y bajar de peso, llenos de proteínas u opciones de batidos para fortalecer el sistema inmunológico. Descubra los beneficios de hacer una desintoxicación. También un práctico plan de comidas para que esta dieta sea fácil de seguir.

Recetas para Diabéticos y Alimentos que Controlan la Diabetes - Plan de Comidas para Diabéticos de todas las edades que deseen una dieta saludable

Consejos útiles sobre cómo cocinar recetas saludables para diabéticos de manera rápida y sencilla. Recetas deliciosas desde platos principales, sopas y guarniciones, hasta desayunos y postres, todas adaptadas para personas con diabetes.

La Dieta Antiinflamatoria - Protéjase usted y su familia de enfermedades cardíacas, artritis, diabetes y alergias con recetas fáciles para sanar el sistema inmunológico

Una técnica respaldada por la ciencia para estimular su sistema inmunológico, y deshacerse de las enfermedades inflamatorias. Recetas seleccionadas que proporcionarán alivio y se despedirá de los problemas autoinmunes y gastrointestinales para siempre.

La Dieta del Índice Glucémico - Deliciosas recetas para reducir la carga glucémica y perder peso

Los niveles altos de azúcar en su sangre pueden ser los culpables su malestar. Este libro de recetas fáciles y saludables le mostrará cómo usar el índice glucémico para monitorear y controlar la cantidad de azúcar en su dieta, con el fin de que pueda perder peso de manera efectiva y prevenir enfermedades potencialmente mortales.

Dieta para el Hipotiroidismo - Recetas para curar el hipotiroidismo, el hipertiroidismo y bajar de peso rápido

Existe un tratamiento natural para el hipotiroidismo, ya sea solo o junto con un régimen de tratamiento médico para controlar la afección: una dieta saludable que incluya alimentos para curar el hipotiroidismo. Vea aquí las recetas saludables y deliciosas para aquellos que buscan una forma natural de controlar este trastorno.

Cómo ganar amigos e influenciar a las personas en el siglo 21 – Lecciones transformadoras que le permitirán conseguir relaciones duraderas y llevarse bien con personas en todos los ámbitos de la vida moderna.

Una poderosa enciclopedia de desarrollo personal que es verdaderamente esencial para los que están luchando para encontrar la verdadera felicidad en términos de relaciones.

El Fabuloso Poder Del Pensamiento Positivo – Cómo manejar los momentos frustrantes y convertir las dificultades en un entorno productivo

Una persona que piensa positivo acabará teniendo una vida más efectiva que alguien que piensa negativamente y será capaz de permanecer optimista en cualquier situación que enfrente.

El Arte De Resolver Problemas – Cómo prepararse mentalmente para lidiar con los obstáculos cotidianos

Usted es un solucionador de problemas y tal vez ni siquiera se ha dado cuenta. Debe prestar atención a sus capacidades para ser cada vez más y más efectivo. Descubra 5 aspectos para ayudarle al enfrentar problemas *4 habilidades que puede desarrollar *3 métodos más usados y más.

La Administración Eficaz Del Tiempo – Aumenta tu productividad y aprende como organizar mejor tu tiempo

Gestiona tu tiempo para mejorar tu productividad personal y ser efectivo en la administración de tus proyectos. Aprende estrategias ya probadas, simples pero efectivas. ¡Realiza tus tareas de una manera más eficiente!

Printed in the USA
CPSIA information can be obtained
at www.ICGtesting.com
LVHW010818100624
782767LV00001B/140